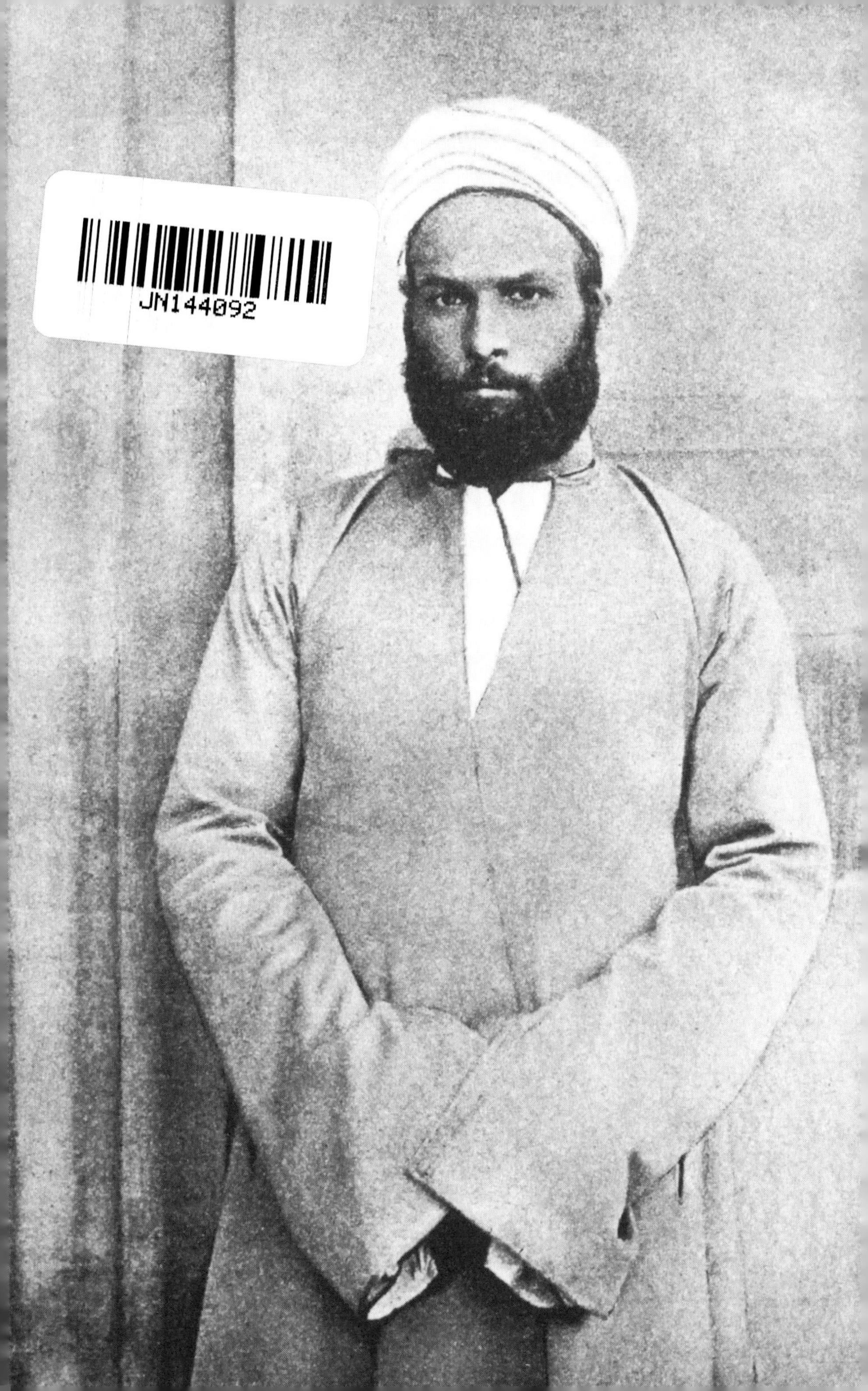

監修者——木村靖二／岸本美緒／小松久男／佐藤次高

［カバー表写真］
ムハンマド・アブドゥフ（晩年）

［カバー裏写真］
アズハル・モスク

［扉写真］
ムハンマド・アブドゥフ（青年）

世界史リブレット人84

ムハンマド・アブドゥフ

イスラームの改革者

Matsumoto Hiroshi

松本弘

目次

引き裂かれる社会のなかで

私は現在の社会を構成している二つの大きな集団の、それぞれの見解に反対する。一つは、宗教の学問に献身する者たちとその一党であり、もう一つは、近代的な技術に低頭する者たちとその同志である。

(『三つの目的のゴール』)

これは、二十世紀初頭のエジプトで記された文章である。著者の名は、ムハンマド・アブドゥフ(一八四九〜一九〇五)。近代イスラーム世界を代表するイスラーム改革思想家・運動家である。

イスラーム改革とは、現在イスラーム主義と呼ばれているものの原初形態である。西欧のイスラーム世界への進出や支配とそれによって生じるさまざまな問題や状況を「イスラームの危機」ととらえ、初期の純粋なイスラームに回帰することによって解決をはかろうとする、近代の思想と運動の総称である。イスラーム改革は、きわめて保守的なアラビア半島のワッハーブ派▲から、西洋の思想や技術を積極的に導入したインドのアリーガル運動▲まで、イスラーム世界各地で多種多様なかたちや運動をとった。その全体像については、加藤博『イスラーム世界の危機と改革』（世界史リブレット・山川出版社）および、飯塚正人『現代イスラーム思想の源流』（同上）をご参照願いたい。

アブドゥフは、このイスラーム改革思想の体系化をおこない、二十世紀以降のイスラーム思想に決定的な方向付けを与えたと評価される。アブドゥフのイスラーム改革の影響は中東のみならず、東南アジアなどを含めたイスラーム世界全般におよんでおり、きわめて著名な歴史的人物である。

アブドゥフの生年は、ムハンマド・アリーの没年にあたる。ムハンマド・アリーはエジプトで近代化を推進したムハンマド・アリー朝（一八〇五〜一九五二年）の創始者であり、まさに「イスラームの危機」をもたらした人物ともいえる。彼は、綿の単一栽培や軍制改革などによる殖産興業・富国強兵に努めた。

▼ワッハーブ派　ハンバル派のムハンマド・イブン・アブドルワッハーブ（一七〇三〜九一）による、内発的なイスラーム改革思想・運動。イスラームからの逸脱として、伝統的な権威を否定しスーフィズムやシーア派を糾弾した。一七四四／四五年にアラビア半島のサウード家に受け入れられ、一九三二年サウジアラビア王国建国後は、その国教的地位を占める。

▼アリーガル運動　サイイド・アフマド・ハーン（一八一七〜九八）による、北インドの都市アリーガルにおける教育啓蒙運動。彼が設立したアリーガル・カレッジ（のちのアリーガル・ムスリム大学）でのイギリス式の教育が、運動の中核であった。ムガル朝（一五二六〜一八五八）滅亡後のインド・ムスリムの地位低下に対し、彼らの保守性を批判して西洋教育の必要性を説いた。

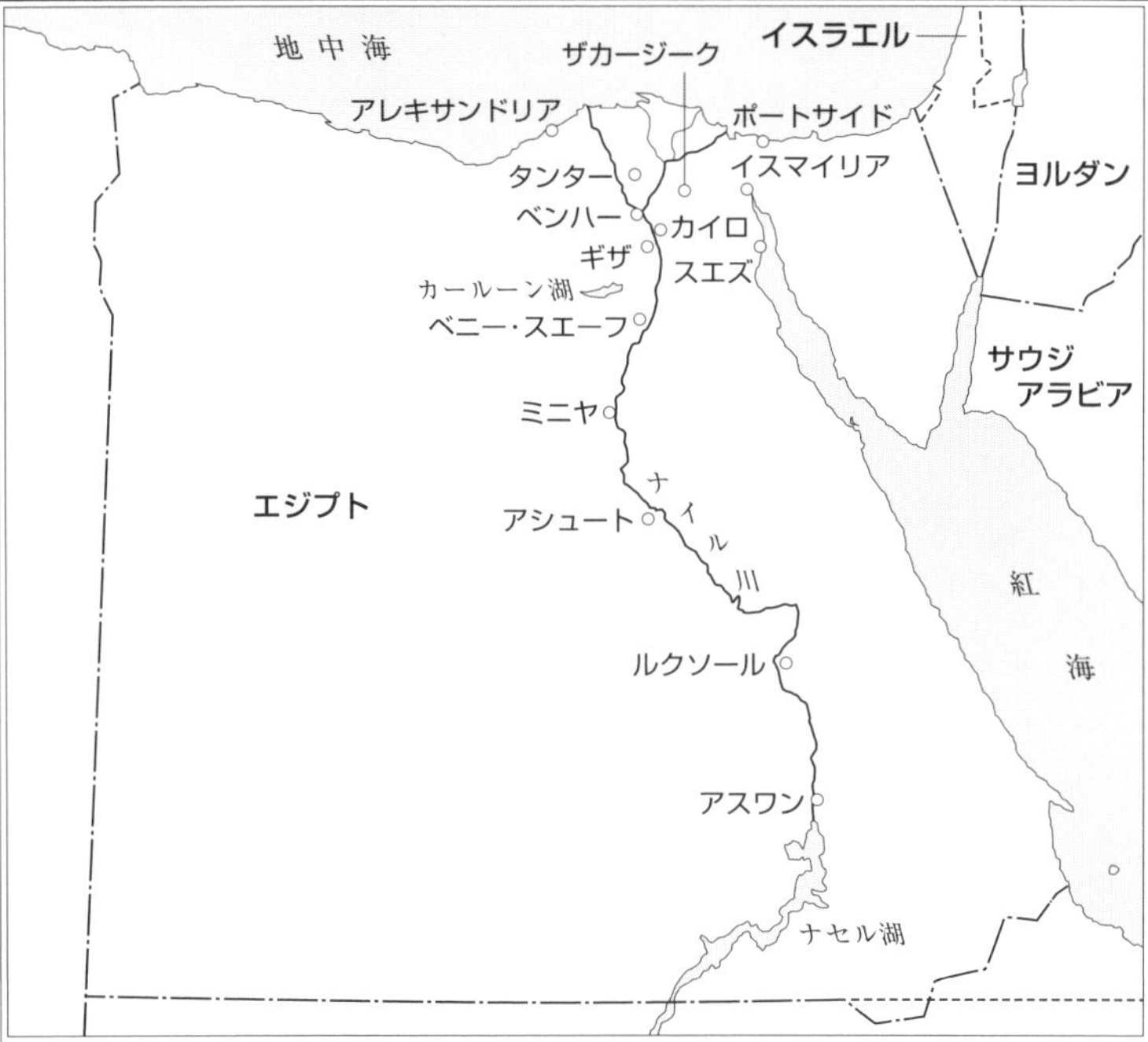

●—エジプト地図

●—ムハンマド・アリー(一七六九〜一八四九)　ギリシア北東部の商人出身で、フランスのエジプト侵攻(一七九八年)に対してオスマン帝国が一八〇一年に派遣したアルバニア人部隊の隊長。フランス軍撤退後の混乱に乗じたカイロ市民によりエジプト州総督に推され、オスマン帝国にその就任を認められた。就任後は専制政治をおこない、ナイル川の灌漑整備や徴兵制などによる近代化と国力増強を進めた。彼を祖とするムハンマド・アリー朝はのちにイギリスの支配を受け、完全独立をはたした一九五二年のエジプト革命によって打倒された(加藤博『ムハンマド・アリー』〈世界史リブレット人〉山川出版社参照)。

しかし、その成功を背景とした領土拡大がオスマン帝国（一二九九〜一九二二年）およびヨーロッパ列強の反発を呼び、一八四〇年のロンドン協定（イギリス・ロシア・オーストリア・プロイセンによる軍事的圧力）をまねく。この協定により、アリーにエジプト総督職の世襲が認められた一方、占領地からの撤退や関税自主権の喪失などが強要され、エジプト経済は弱体化していく。

近代化・西欧化の波にさらされ、やがて大英帝国の支配を受けるエジプトにおいて、アブドゥフはイスラーム改革運動を展開した。アブドゥフにとっての「イスラームの危機」とは、西洋の進出や支配だけでなく、むしろそれによってもたらされる冒頭に引用した社会の分裂にあった。

アブドゥフの生涯を追い、彼の思想と運動の今日的な意義を考えなおす作業は、イスラームに関わる歴史や政治を理解するうえで、不可欠なものの一つといえるだろう。

①—青年時代

鬱積

ムハンマド・アブドゥフは、一八四九年にナイル・デルタのブハイラ州マハッラ・ナスル村に生まれた。しかし、じつは生まれた年や場所は定かではない。父のアブドゥフ・イブン・ハサン・ハイラッラーは若いころ、政府の徴用（強制労働）を逃れるため、この村をでて各地を転々とした。その間に結婚し、兄たちやアブドゥフが生まれたあと、マハッラ・ナスル村にもどっている。このため、出生の年や場所には諸説あるが、アブドゥフ自身が記し一般に知られている冒頭の生年から、彼の生涯を追っていきたい。

父は自作農で、決して裕福ではなかったがアブドゥフに家庭教師を雇い、ナイル・デルタのほぼ中心に位置する町タンター▲の学校にアブドゥフを送るほどの収入はあった。ただ、家庭教師といっても、それは地方における唯一の教育であったクルアーン（コーラン）暗唱のためのものだった。スエズ運河が起工された一八五九年、一〇歳のアブドゥフ少年は家庭教師につき、一二歳でこの暗

▼**タンター**　近代期の灌漑システム導入後に、ナイル・デルタの綿花集積地として急速に発展した。道路および鉄道の整備も進んだが、同時にそれは農村地帯の国家管理強化にもつながり、周辺では村からの逃亡が多発した。

唱を終えた。

一八六二年、一三歳のアブドゥフは村から五〇キロほど離れたタンターに移り、アフマド・バダウィー・モスク(通称アフマディー・モスク)に付属するマドラサ(イスラーム諸学の高等学校)の生徒となった。タンターは彼の母の故郷であり、母の親族の一人はマドラサの教員であった。タンターには、アブドゥフが二歳のときに開通したカイロとアレキサンドリアを結ぶ、エジプトで初めての鉄道がとおっていた。アブドゥフ少年は、その列車を驚きの目で見たに違いない。一九〇五年に彼がアレキサンドリアで死去したとき、彼の遺体をカイロに運ぶ特別列車が編成された。列車は各所で停車し、彼に別れを告げる沿線の群衆にこたえた。彼にゆかりのあるタンターも、当然その一つであった。しかし、マドラサの生徒であったアブドゥフに、そのような将来を予見した者はいなかったはずだ。なぜならば、彼はマドラサを二度も脱走するような問題児だったからである。

最初の脱走は、入学してから一年半後。昔からの授業がそのまま繰り返され、難解な用語を解説のないままに押しつけるような、学生の理解に無頓着な伝統

●**機関車(上)とアレキサンドリア駅(下)**　一八五一年に開通したカイロ・アレキサンドリア間の鉄道。アレキサンドリア駅の駅舎完成は一八五四年。

●**タハリール橋**　アブドゥフがアズハル学生だった一八七二年に開通したカイロのタハリール橋の当時の姿(右)と現在の姿(左)。

的教育法にアブドゥフはたえきれなくなる。彼は何人かのおじの家に三カ月間身をかくすが、結局兄弟にみつかってタンターに連れもどされる。けれども、依然としてマドラサへの不満は大きく、ふたたび脱走して今度は故郷の村にもどった。アブドゥフ少年は、父や兄たちと同じ農民になりたかったようで、彼はこのとき家族とともに農業に勤しみ、最初の結婚もしている。一八六五年、アブドゥフ一六歳のときのことである。

スーフィーの日々

父はアブドゥフへの教育をあきらめず、タンターへ連れもどそうとするが、その途中でアブドゥフは近くの村に逃げ込んでしまう。その村に、彼に最初の転機をもたらす人物、父親のおじであるダルウィーシュ・カダルがいた。カダルはシャイフの称号をもつスーフィーであり、彼は父親からアブドゥフを引き取って、一五日間にわたりスーフィズムの教えを授けた。アブドゥフは後年、「このとき初めて、いかに学び理解するかという方法を知った」と述懐している。スーフィズムの薫陶を受けたアブドゥフは、カダルの叱咤激励を受けて、

▼シャイフ　ウラマーや経験豊かなスーフィーなどがもつ敬称。町村や大家族の長、部族長などにも用いられる。

▼スーフィー　イスラーム神秘主義（スーフィズム）の修行者。言葉や論理による思弁神学ではなく、瞑想や修行によって非日常的な境地に達し、神への感性的な理解を求める者。イスラーム神秘主義は神学や哲学にも発展した。

そのままタンターにもどった。ただ、マドラサには復帰したものの、彼の生活の多くはその勉学よりもスーフィズムへの傾倒によって占められていた。

一八六六年三月、一七歳のアブドゥフはカイロのアズハル学院▲に入学した。アズハル学院はエジプトのみならず、イスラーム世界で最高の権威を誇るマドラサといえるが、アブドゥフは依然としてスーフィズムに執着したままの生活を送った。彼がカダルから伝授されたスーフィズムは、十八世紀にシャイフ・ムハンマド・マダニーによって建てられたマダニーヤと呼ばれる一派のものだった。これは、いわばスーフィズムの復興や改革を求める運動であり、先人からの伝承にのみ頼ることをいましめ、自発的な思考や行為も推奨するものであった。それゆえ、スーフィズムのなかではある種の能動性を有していたのであろうが、それでもやはり周囲の人間や社会に積極的な関心をもつものではなく、アブドゥフは内向的で孤立した学生であり続けた。

しかし、彼がスーフィズムに没頭した理由は、当時のアズハル学院の状況にもあっただろう。それは、教育法と環境の二つの面から指摘できる。タンターのマドラサと同じく、アズハル学院もまた、アブドゥフが興味をまったくもて

▼アズハル学院　モスクとマドラサからなる。創建は九七〇年で、マドラサは最古の大学といわれる。一九六一年にナセル大統領（在任一九五六〜七〇）によって、医学部や工学部などをもつ総合大学に改組された。しかし、現在でもその中心はイスラーム学部にある。アズハルのモスクとマドラサが分離されるのはアブドゥフ没後の一九一三年であるため、本文ではマドラサのみを指す場合はアズハル学院、モスクとマドラサの双方を指す場合はアズハルと記した。

▼**ウラマー**　「学者」を意味するアーリムの複数形。神学ウラマー（ファーキフ）と法学ウラマー（ムタカッリム）に分かれる。イスラームは聖職者を認めておらず、イスラーム諸学を修めたウラマーが信徒の指導や儀礼などをおこなう。

▼**イスマーイール**（在位一八六三〜七九）　スエズ運河建設や社会インフラの整備など、エジプトの近代化を押し進めた一方、豪奢な宮廷生活を好み、財政を悪化させた。スエズ運河の株券をイギリス・フランスに売却するなどしたが、財政破綻にいたった。

ない伝統的な教育法を維持していた。それだけでも、彼が勉学から逃避するには十分な理由だが、加えて当時のアズハル学院における教育環境や施設は劣悪な状況に陥っていた。アズハル学院には徴兵逃れのための若者が多く集まり、通常の学生数が二〇〇〇〜三〇〇〇人であるところに、一時七〇〇〇人以上の学生が在籍した。アブドゥフが入学した時期はそのピークを過ぎていたが、それでもおよそ五〇〇〇人の学生がひしめいていた。

学生の増加に対しては教員の補充がなされたが、政府からアズハル学院への予算は減少を続けていた。これはムハンマド・アリー朝が始まって以降、政府がアズハルやウラマー▲の影響力を弱めようとしたことと、その後の財政難の双方を理由としていた。予算縮小のなかでの学生と教員の増加は、両者の質の低下をまねいただけでなく、食事や衛生といった学生生活に関わる施設にも、多大な悪影響をおよぼしていた。このような劣悪な教育環境のなかで、アブドゥフはいっそう内向的となり、一八七一年には大おじのカダルがカイロに彼をたずね、ふたたび叱咤激励をしなければならないほどであった。

▼ジャマールッディーン・アフガーニー（一八三八〜九七）　「内に改革、外に防衛」を掲げたイスラーム改革運動家および反帝国主義運動の扇動家。世界各地で汎イスラーム主義を唱え、イランのタバコ・ボイコット運動（一八九一年）などにも影響を与えた。

豹変

アズハルの影響力を警戒し、同時にその近代化をはかる政府は、以前からアズハルへの改革を試みていた。とくにアブドゥフが入学する直前には、ムハンマド・アリー朝君主のイスマーイール▲が自ら改革に乗り出し、カリキュラムへの近代的な学問の導入や試験制度の整備などを打ち出した。しかし、アズハル学院側の抵抗は根強く、改革の試みはイスマーイールの場合も含めて、ことごとく挫折していた。ただし、アズハル学院にはイスマーイールに協力した少数の改革派ウラマーもいた。その一人、シャイフ・ハサン・タウィールは改革が失敗したあとも、論理学や哲学の科目で新しい授業を試みていた。そして、このタウィールがアブドゥフの人生に最大の転機をもたらす、ジャマールッディーン・アフガーニー▲を彼に紹介するのである。

アフガーニーが最初にエジプトを訪問したのは一八六九年で、このときは短期間の滞在であった。その間にタウィールはアフガーニーをたずねており、それにアブドゥフを同行させている。アブドゥフは、クルアーン解釈やスーフィズムなどに関するアフガーニーの話に惹きつけられたが、すぐにアフガーニーはイスタンブルに発《た》ってしまい、このときはアブドゥフの学生生活に変化はなかった。しかし、カダルがカイロでアブドゥフを叱咤激励した直後の一八七一年三月二十二日、アフガーニーはカイロにもどってきた。二二歳のアブドゥフはすぐにアフガーニーに付き従い、その影のように行動をともにしたという。

　アフガーニーのエジプト訪問は、有力政治家の一人であるムスタファー・リヤード・パシャ▲（六五頁参照）をパトロンとするものであり、リヤードが推進しようとする各種の政治改革についての助言も期待されていた。しかし、それとは別にアフガーニーの自宅には多くの若者が集まり、旧態依然としたイスラームやアラビア語の教育法への批判、それらの改革の必要性、西洋の進んだ学問や技術の摂取といった彼の講義に聞き入るようになる。そこは、いわばエジプトの将来を担う改革派の若者たちのサロンと化し、なかでもアブドゥフはアフガーニーの一番弟子と目された。アブドゥフのほかには、のちのオラービー革命で首相を務めるマフムード・サーミー・バールーディー▲・パシャ、ジャーナリストのアディーブ・イスハーク▲とアブドッラー・ナディーム▲、当時アズハル学生でのちに一九一九年革命▲を指導するサアド・ザグルール（一八五七／六〇〜

▼パシャ　オスマン帝国で用いられた称号。総督職などの高級軍人、閣僚などの高官に与えられる。

▼マフムード・サーミー・バールーディー（?〜一九〇四）　軍人、政治家、詩人。オラービー革命失敗後、国外追放。一九〇〇年に特赦により帰国して、エジプトで没した。葬儀での礼拝をアブドゥフが務めた。

▼アディーブ・イスハーク（一八五六〜八四）　ダマスクス生まれのキリスト教徒。一八七六年にエジプトに移った。ジャーナリズムのほか、文学や演劇にもたずさわった。オラービー革命後に国外追放処分を受け、ベイルートにて二八歳で死去した。

▼アブドゥッラー・ナディーム(一八四五〜九六)　アフガーニーと出会い、ジャーナリズムに目覚めた。オラービー革命では、その熱弁から「革命の説教師」と呼ばれた。革命失敗後、九年間逃亡して国外追放。その後帰国したが、強烈な対英批判から一八九三年にふたたび国外追放され、イスタンブルで客死した。

▼一九一九年革命　ザグルールらによる、第一次世界大戦後のパリ講和会議にエジプト代表団(ワフド)を送り、独立を実現しようとする運動から始まる。イギリスがこれを阻止すると、エジプトで全土的な抗議運動に発展した(一九二二年形式的独立)。

一九二七)らがいた。

アフガーニーに師事したアブドゥフは、まさに豹変する。アフガーニーは弟子たちに、新聞や雑誌への論文の寄稿も指導していた。アブドゥフはこの指導に従い、アフガーニーの講義をもとにした教育や西洋思想に関する論文を、当時刊行されたばかりのエジプト初のアラビア語日刊紙『アハラーム』などに寄稿しはじめる。加えてアフガーニーは、エジプトの出版事業にも積極的に関与していた。前出のイスハークは、『ミスル』という新聞を発行していたが、アフガーニーの勧めによりアレキサンドリアで新たに『ティジャーラ』という新聞を発行し、その編集にはアブドゥフがイブラーヒーム・リカーニーとともに参加している。アブドゥフは勉学・寄稿・編集と、以前には考えられなかった積極性にあふれた多忙な日々を送ることとなる。

アズハル卒業

アブドゥフにとっては、その後の人生を決定づける重大な転機であったが、その活動はアズハル学院教授陣の眉をひそめさせるものであった。彼らからす

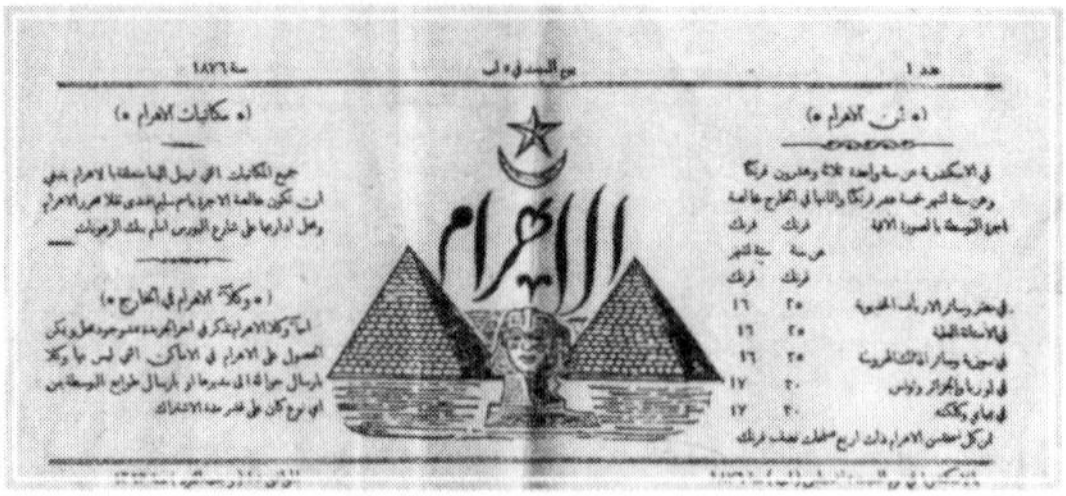

『アハラーム』紙　政府系の新聞として、現在もエジプトで最大発行部数を誇っている。

れば、アフガーニーという「危険人物」に弟子入りし、公然とアズハル学院の伝統を批判するようなアブドゥフは、アズハル学生として品位にもとる存在であったといえる。一八七七年五月、二八歳のアブドゥフはアズハル学院の卒業試験を受け、十分な成績を示した。しかし、多くのウラマーが彼の卒業に反対し、判定をくださなかった。幸い、改革派ウラマーとされる当時のアズハル総長シャイフ・ムハンマド・アッバーシーが、成績に即した判定をくだすよう指示を出したため、アブドゥフの卒業は認められた。しかし、卒業にさいして授与された等級は、本来もっとも高い「特等」であるべきところ、二段階低い「二等」であった。一悶着あったにしろ、彼はアズハル学院を卒業して、晴れてイスラーム諸学の教授資格を有するウラマー、シャイフ・ムハンマド・アブドゥフとなった。

②—革命と国外追放

教員生活

卒業したアブドゥフはそのままアズハル学院の教員となり、さらに翌一八七八年にはダール・アルウルームの歴史学教官とヘディーウ外国語学校のアラビア語教官に採用された。アズハル学院では歴史学や哲学の科目をもったが、その教科書はかなりユニークなものだった。十世紀から十一世紀にかけての歴史家・哲学者アフマド・イブン・ミスカワイヒの『個人的性格の精錬』は、プラトンやアリストテレスの哲学を援用したもので、教科書としては異例なものだった。さらに、フランソワ・ギゾーの『ヨーロッパ文明史』も教科書に用いている。西洋の書物であるばかりでなく、ギゾーはとくに「理性の復活」を近代文明の基礎として強調しており、当時のアズハル学院では考えられない選択であったろう。

ダール・アルウルームは、シャリーア法廷の判事（カーディー）の訓練と公立学校の教員養成を目的とした政府の教育機関だった。これは、アリー・ムバー

▼アフマド・イブン・ミスカワイヒ（九三六〜一〇三〇）　ブワイフ朝バグダードで、宰相の司書を務めた。ギリシャ哲学とイスラーム思想の統合をめざすバグダート学派と交わり、これにペルシャの伝統を取り入れて独自の哲学を形成した。歴史書『諸国家の経験』は貴重な歴史的資料。

▼フランソワ・ギゾー（一七八七〜一八七四）　フランスの歴史家・政治家。ソルボンヌ大学教授から王政復古で政界にはいり、国王ルイ・フィリップのもとで首相などを歴任した。一八四八年の二月革命以降は、歴史研究に専念した。

▼シャリーア　「水場にいたる道」を意味する言葉で、イスラーム法のこと。クルアーンやハディース（預言者ムハンマドの言行録）などを法源とし、その立法や適用・解釈などを論じる法学（フィクフ）が発展した。

▼**イブン・ハルドゥーン**（一三三二〜一四〇六）　チュニス出身のイスラーム世界を代表する歴史家・哲学者。チュニスやモロッコ、グラナダなどの宮廷で任官し、最後はエジプト・マムルーク朝の大法官を務めた。『歴史序説』は彼の主著の一部。

ラク・パシャ（六五頁参照）により一八七三年に設立されたばかりの学校で、判事にも教員にも西洋に関わる教養や思考法が必要との判断にもとづいたものだった。アブドゥフはここで、イブン・ハルドゥーン▲の『歴史序説』を教科書としている。教科書の内容は、歴史を遊牧民の都市征服と征服後の都市民への同化の繰り返しとみるものだが、アブドゥフはこれを世界的な文明の興亡に拡大して講義をおこなった。ヘディーウ外国語学校は、官吏養成の一環として設立されたものであり、ここでもアブドゥフは、新しいアラビア語の教育法を試みたといわれる。

政変と公職追放

しかし、一八七九年九月、アブドゥフはダール・アルウルームとヘディーウ外国語学校の教官を罷免され、故郷の村への追放処分を受けた。この処分は一八八一年のオラービー革命へと続く、一連の政変の始まりを背景としていた。

これに先だつ一八七六年、エジプトの財政は破綻する。一八四〇年のロンドン協定以降、政府による保護を失ったエジプト市場にヨーロッパの経済的進出

●ヌーバール・ヌーバーリヤーン（一八二五〜九九）　トルコのアルメニア人の家系に生まれる。ムハンマド・アリーの通訳であったおじとともにエジプトに移る。外国語に堪能で外交交渉、スエズ運河建設、混合裁判所設立などに功績を残した。

●ムハンマド・シャリーフ（一八二六〜八七）　トルコ人の家系に生まれる。フランスの士官学校卒業後、エジプト軍士官となる。のち政治家に転身し、立憲制を主張し続けた。オラービー革命によりエジプト初の憲法を制定したが、革命失敗後に廃止された。

●タウフィーク（在位一八七九〜九二）　オラービー革命のさなか、反ヘディーウの傾向が強まるとアレキサンドリアに脱出し、イギリスに保護を求めた。イギリス軍のエジプト軍鎮圧後にカイロにもどり、在位中イギリスとの協力関係を続けた。

▼ヘディーウ　オスマン帝国のスルタンが、エジプト総督のみに与えたペルシャ語起源の称号。一八六七年、総督職世襲の公認と同時にイスマーイールに与えられた。帝国内でスルタンにつぐ席次とされ、「副王」と訳される。

が拡大した。歳入の減少を自力では解決できず、エジプト政府は一八六二年に初めて外債を発行する。加えて、南北戦争終結(一八六五年)後のアメリカが綿花輸出を再開すると、最大の収入源である綿花の価格が暴落した。それでも欧化政策や歴代君主の浪費はとまらず、対外債務は累積して、ついに返済ができなくなった。

ヘディーウ▲・イスマーイールは、債権の多くを担うイギリス・フランス両政府に財政管理への介入を認め、エジプトは財政の自主権を失って「二元管理」体制に陥った。一八七八年八月に成立した第一次ヌーバール内閣(内相はムスタファー・リヤード)は、イギリス・フランスの債権管理者を閣僚に任命し、「ヨーロッパ内閣」と呼ばれる債務返済態勢をとった(イギリスの管理者が財務相として歳入を、フランスの管理者が公共事業相として歳出を担当)。当然、エジプト財政への外国支配に対する反発は大きく、わずか五カ月後の一八七九年二月、イスマーイールは勅令によりヌーバール内閣を解任し、ムハンマド・シャリーフ・パシャを首相に任命して、「ヨーロッパ内閣」を停止した。

債務返済を放棄したような勅令をイギリス・フランス両政府は受け入れず、

イスマーイールに圧力をかけて六月に彼を退位に追い込んだ。彼の息子であるタウフィークが新ヘディーウに即位したが、今度は彼が「ヨーロッパ内閣」への反対派の弾圧を開始する。なかでも、アフガーニーとそのグループはとくにその対象となった。アフガーニーはイスマーイールに対し、西欧諸国の支配の危険性を訴え、その端緒になりかねないイギリスとフランスの財政管理に強く反対していた。イスハークなどのジャーナリストも、自らが発行する新聞などで「ヨーロッパ内閣」反対の論陣を張り続けた。即位したタウフィークは、アフガーニーに国外への退去を命じ、イスハークらの新聞は発行停止処分を受けた。

アブドゥフもアフガーニー・グループの筆頭と評価されていたため、公職追放という処分を受けた。アフガーニーはエジプト出国にさいし、「私はムハンマド・アブドゥフを残していく。彼はエジプトの指導者にふさわしい人物である」と述べたと伝えられる。こうしてアブドゥフは、せっかく就いた教育職をわずか二年で失うこととなった。

『エジプトの出来事』

官報編集長

ところが、追放から一〇カ月後の一八八〇年七月、突如アブドゥフはカイロで公職に復帰する。それは教員ではなく、政府の官報『エジプトの出来事』の第三編集員というものであったが、とにかく三一歳の彼は追放を解かれ、新たな職場をえた。これにも、やはり既述の政変が関係している。ヌーバール内閣が解任されると、リヤードはナポリに亡命したため、アフガーニーの国外退去を阻止できなかった。しかし、「ヨーロッパ内閣」の内相であったリヤードは、新ヘディーウのタウフィークから帰国を許され、一九七九年九月に首相に任命されて第一次リヤード内閣が成立する。リヤードが財務相をかね、イギリス・フランス主導による債務返済が最優先事項とされた。

リヤードは、強制労働の廃止や税制再編などの行政改革をはかっていたが、一八八〇年の中頃に官報を改革推進のために利用することを思いつき、前公共事業相のバールーディーとダール・アルウルーム教官シャイフ・フサイン・マルサフィーに個別に相談したところ、両名とも編集員にアブドゥフを推薦した。そこでリヤードはタウフィークを説得し、アブドゥフを官報編集員に任命する辞令を出させた。

また、アブドゥフの復帰には、アリー・ムバーラク(リヤード内閣公共事業相)との関係も指摘できる。ムバーラクは、アブドゥフがアズハル学生時代に寄稿した論文の一本に序文を書いている。さらに、故郷への追放中、アブドゥフはカイロに潜入してバールーディーとムバーラクの自宅を訪ねている。このとき、ムバーラクはウマル・ルトフィー・パシャら反リヤード派の動向を彼に伝え、村にもどるよう忠告した。ムバーラクはリヤードの片腕ともいうべき人物であり、以前から彼と知己であったことは、アブドゥフの編集員任命に良好に作用したと考えられる。そもそも、アブドゥフがダール・アルウルームとヘディーウ外国語学校の教官に任命されたことにも、リヤードまたはムバーラクが関与していた可能性は高い。アブドゥフの公職追放とリヤード内閣の成立は同じ月のできごとであるが、性急なアブドゥフの処分撤回要請は、アフガーニーをきらうタウフィークの怒りを買うため、ほとぼりをさます必要があったのだろう。

官報編集員となったアブドゥフは、ただちに官報改革に関する報告書をリヤードに提出した。リヤードは内務省の次官および出版局長、アブドゥフの三人に、この報告書にそった官報の活動計画書作成を命じた。計画書完成後の一八八〇年十月、リヤードはアブドゥフを官報編集長兼検閲責任者に任命し、計画書の実施に着手させた。アブドゥフはアズハル学生時代、既述のように新聞の編集や発行の経験があり、また寄稿した論文のなかにも表現・出版・編集の改革を訴えるものがあった。アフガーニーの影響を強く受けた、ジャーナリズムに関するこのような経験と考え方が、報告書や計画書の基礎にあったと考えられる。

第三編集員への就任からわずか三カ月で編集長になったアブドゥフは、官報を教育省から内務省の管轄に移し、カイロのブーラークにあった官立印刷所から独立して、独自の印刷所を確保した。そして、それまでの週二回発行から金曜日を除く日刊紙に改編し、コストダウンにより安い価格で販売した。また、シャイフ・アブドリカリーム・サルマーン、サアド・ザグルール（アフガーニー・グループ）、イブラーヒーム・ヒルバーウィー（一八五八～一九四〇）らが助手に採用され、アラビア語の新しい表現方法を試みた官報が発行されていった。

新しいアラビア語

ここで、「新しいアラビア語」について説明しておく。アブドゥフもアフガーニーも、アラビア語の伝統的な教育法を批判していたし、アブドゥフはヘディーウ外国語学校や官報で、新しいアラビア語の教育や使用を試みている。これは、一言でいえばアラビア語の言文一致運動であった。多くの言語が中世まで文語と口語に分かれていたが、近代になって両者を統合させようとする改革運動が起こる。しかし、アラビア語の場合は、それがクルアーンに記された「聖なる言葉」であるため、口語は変化を続けても、文語はイスラームが誕生した七世紀から変わりなく教育され、用いられてきた。それゆえ、口語と文語の乖離がはなはだしく、日常で使用する言葉と、学校で学び公式な場で書かれる言葉とはまったく異なる状態となっていた。アブドゥフらが試みた「新しいアラビア語」とは、文語を口語に近づけ、一般の読者が難なく内容を理解できるようにするためのものであった。

アブドゥフは、自ら官報において各種行政の非能率を激しく攻撃したが、とくに教育省を職務怠慢で批判した。教育省でも、一八八〇年五月にアリー・イブラーヒーム教育相が教育行政に関する報告書をリヤード首相に提出し、リヤードはこの報告書を審査するための委員会を設置した。この委員会は同年十二月に、初等教育の再編・拡充を骨子とする報告書を提出するとともに、教育高等委員会の設置を提言した。一八八一年四月、イブラーヒーム教育相を委員長とし二四人の委員からなる教育高等委員会が発足し、アブドゥフも官報編集長として委員の一人に任命された。この委員会は、初等教育の拡充や教育行政の全般的な効率化をはかることを目的とし、委員にはムバーラク公共事業相、フサイン・ファフリー・パシャ司法相（六四頁参照）、アブドゥフを官報編集員に推薦したダール・ウルーム教官マルサフィーや、のちにアズハル総長となってアブドゥフのアズハル改革を支援する当時の行政学校（官吏養成学校）教官シャイフ・ハスーナ・ナワーウィーらがいた。

オラービー革命

しかし、同じ一八八一年の九月九日、アフマド・オラービー▲大佐に率いられたエジプト軍がアブディーン宮殿前に進駐し、リヤード首相解任および憲法制

▼**アフマド・オラービー**（一八四〇〜一九一一）　農民出身で、エジプトの士官学校を卒業後、エジプト軍士官となる。オラービー革命中に戦争相に就任したが、革命失敗により内閣は崩壊した。国外追放後、一九〇一年に特赦により帰国し、エジプトで没した。

定・軍隊拡充を要求した。オラービー革命の勃発である。タウフィークは要求に屈し、第二次シャリーフ内閣が成立した(リヤードは辞職して国外に退去)。このオラービー革命におけるアブドゥフの姿勢や行動は不明瞭で、これまでの研究でも評価が分かれている。アブドゥフは武力の行使に反対し、革命の当初はムバーラクと同様にそれへの参加を拒んでいた。しかし、途中から革命に参加し、官報などでさかんに革命擁護の論陣を張る。このような彼の転向は、国家の側につくことを自らの義務と課したといった好意的なものから、革命家としては二流の人物という厳しいものまで、さまざまな見方を生じさせている。

オラービー革命は、エジプトの国家に関わる当時の複雑な状況をそのまま反映している。オスマン帝国エジプト州という形式のまま、ムハンマド・アリー朝の急成長により、エジプトは実質的な独立国となった。総督職は世襲となり、その職位もヘディーウという特別な地位に改められた。しかし、ムハンマド・アリー朝の支配者層は、トルコ人などのオスマン帝国との関係に由来する政治家・軍人やその子孫によって占められ、エジプト人ではなかった。さらに、財政破綻に起因するヨーロッパの干渉がこれに加わる。エジプトはオスマン帝国の宗主権のもとで、ヨーロッパの支配にさらされる、ヘディーウ専制の国家という異常な状態に陥っていた。オラービー革命はオスマン帝国、ヨーロッパ列強、ヘディーウに反対する諸運動の沸点であったといえる。

革命は、三つの大きな流れから成り立っていた。第一に「ヨーロッパ内閣」への一般的な反対、第二にシャリーフを代表とする立憲運動、第三にオラービーに率いられたエジプト人士官の待遇改善運動である。これらがあいまって、「エジプト人のためのエジプト」をスローガンとし、エジプトの国民意識形成に欠かすことのできない初の民族主義運動となったことはよく知られている。

革命のなかのアブドゥフ

これら三つの流れに対し、アブドゥフはそれぞれに異なる判断を示している。ムハンマド・アリー朝の軍隊は、その当初からトルコ系の士官によって指揮・運営されてきた。そのなかで、オラービーはエジプト人として初めて大佐に任官した人物であり、彼に続く多くのエジプト人士官はトルコ系士官の既得権益打破を求めていた。しかし、アブドゥフはこの運動にまったく理解を示してい

●**オラービー革命**　オラービー率いる部隊が、アブディーン宮殿前広場に進駐した場面。馬上の人物がオラービーで、立ったまま向き合っているのがヘディーウ・タウフィーク。

●**アブディーン宮殿**　現在のアブディーン宮殿と広場。

●**パリ・マドレーヌ広場**　アフガーニーとアブドゥフの秘密結社「固き絆」は、パリのマドレーヌ広場の近くにあった。

●**ロンドンの国会議事堂**　アブドゥフは、ここでイギリスの政治家たちと議論をおこなった。本書扉にある彼の立ち姿の写真は、この中庭で撮られたという説もある。

ない。彼はオラービーについて、「彼の目的は、己の保身とトルコ系士官への憎しみだけだ」と周囲に語り、オラービーとの会談では、「行政改革こそわれわれの第一の責務であり、軍事行動は無意味である。そのような暴挙にでれば、エジプトは外国の軍隊に占領されてしまうだろう」との持論を展開している。

逆に、立憲運動については賛意を示している。アフガーニーは滞在した各国で立憲君主制の導入を熱心に説いていたし、アブドゥフも憲法制定によってヘディーウの権力が抑制されることを支持していた。しかし、だからといってシャリーフを支持していたわけではない。なぜならば、シャリーフはアブドゥフの後援者であるリヤードの政敵であったからである。

アブドゥフにとっての最大の問題は、「ヨーロッパ内閣」の是非にある。「ヨーロッパ内閣」に対する攻防は、アブドゥフからみれば「ねじれ」の状態にある。アフガーニーはこれに強硬に反対したが、彼のパトロンであったリヤードはその推進者であった。この時点ですでに、アブドゥフは微妙な立場におかれている。当時、アフガーニー・グループと呼ばれた者たちは、オラービー革命の前哨戦たるリヤードとシャリーフの権力闘争において、その双方に分裂している。アブドゥフはザグルール、リカーニーとともにリヤード側につき、これにはムバーラクやサルマーンも参加している。一方、シャリーフ側にはバールーディー、イスハーク、ナディームらがついていた。オラービー革命そのものが、アブドゥフの後援者を失脚させた勢力によるものであったことは、革命時のアブドゥフの逡巡《しゅんじゅん》に大きな影響を与えたに違いない。アブドゥフは決して「ヨーロッパ内閣」に賛成していたわけではないが、債務不履行を理由に軍事介入や直接支配に転じるのはヨーロッパ帝国主義の常套手段であり、それを阻止するために債務の返済を優先するリヤードの選択に、彼は理解を示していたと思われる。

しかし、官報編集長という地位は、革命側のプロパガンダにとってきわめて重要なものだった。しかも、アブドゥフは短期間で官報の整備・改良を成しとげており、革命に消極的という理由だけで更迭するわけにはいかない。このため、オラービーをはじめとする革命の指導者たちは、彼に革命への参加を説き続けた。おそらくは、シャリーフのあとに首相を務めるバールーディーや革命擁護の論陣を張ったナディームなど、アフガーニー・グループによる説得が功を奏して、アブドゥフは革命に参加することとなる。

革命の翌一八八二年、債務返済の停止を理由としてイギリス軍はアレキサンドリアに上陸し、二カ月間の戦闘でエジプト軍を制圧した。九月十四日、オラービーがイギリス軍に降伏して、革命は終わった。その後の裁判で革命の指導者たちが裁かれ、オラービーは死刑判決を受けたが減刑されてセイロン島（現スリランカ）への流刑、バールーディーも同じくセイロン島への流刑となった。アブドゥフもまた指導者の一人とされ、三年三カ月間のシリアへの追放をいいわたされた。

オラービー革命の失敗により、エジプトはイギリス単独占領の時代にはいり、イギリス総領事兼外交代表のクローマー卿を最高実力者として迎えることとなる。債務不履行が外国の支配をまねくというリヤードやアブドゥフの危惧が、現実のものとなったのである。

ただし、エジプトはイギリスの植民地となったわけではなく、イギリスの支配は公式なものでなかった。公式な決定は、あくまでヘディーウやエジプト政府によりなされた。このため、クローマーはヘディーウや政府に圧力をかけ、エジプト側はそれに抵抗するという対抗関係が続く。ほとんどの場合、イギリスの意向がとおるものの、エジプトはオスマン帝国のスルタンを君主としながら、その下でイギリス総領事とヘディーウが鎬《しのぎ》を削るという、特殊な政治状況の時代にはいった。

国外追放

一八八二年十二月二十四日、三三歳のアブドゥフはエジプトを出国し、ダマスクスをへて翌八三年初めにベイルートに到着した。そこで、改革志向のベイルート市長ムヒイッディーン・フマーダーの歓待を受け、住居を提供された。ベイルートでは、同じく国外追放処分を受けたリカーニーを含むエジプトからの亡命者やレバノンの知識人らと交流していたが、そこにアフガーニーからの手紙が何通か届いた。アフガーニーはこのときパリにいて、アブドゥフをパリに誘った。アブドゥフは約一年のベイルート滞在ののち、一八八四年初頭にパリに移った。

パリでアフガーニーとアブドゥフは「固き絆」という政治結社をつくり、同名のアラビア語政治評論雑誌を発行した。結社には、当時パリに滞在していたイスラーム世界各地の民族主義者や改革運動家が、例によって出入りしていた。雑誌は一八八四年中に、計一八回発行された。評論などの対象はエジプトが多かったが、他のアラブ地域や中央アジア・インド・インドシナ・ヨーロッパにも論述がおよんでいた。ヨーロッパ列強による侵略が東洋人一般に連帯の機運を醸成しているとして、エジプト占領、スーダンのマフディー運動▲といったアラブ圏のできごとのみならず、清仏戦争▲やアイルランド独立運動なども扱われた。この雑誌は、エジプトやインドで持ち込み禁止処分を受けたが、実際には各地に流布し、民族主義運動やイスラーム改革運動に大きな影響を与えたとされる。著述と編集の大半はアブドゥフの手によるものであったが、その過激で攻撃的な論調はアフガーニーのものだった。

パリ滞在中の一八八四年七月、アブドゥフはブラント▲の招きに応じ、ロンドンを訪問した。そこでアブドゥフは、ブラントの紹介により当時のグラッドストーン首相に反対する複数の野党議員とエジプトやスーダンに関わる問題を議論したが、そのなかにはのちの首相ウィンストン・チャーチルの父親であるラ

▼**マフディー運動**（一八八一〜九八年）　ムハンマド・アフマド（一八四四〜八五）に率いられたスーダンの反帝国主義の闘争。アフマドはマフディー（導かれた者、救世主）を名乗り、一八八五年にハルツームを陥落させてマフディー国家を建設した（イギリスのゴードン将軍戦死）。九八年、イギリス軍の侵攻により滅亡。

▼**清仏戦争**（一八八四〜八五年）　フランスによるベトナム支配に対抗して、清朝が軍を派遣したことに起因する戦争。清朝は撤退に合意したが、ベトナムでは武力衝突が勃発し、フランスは中国本土や台湾も攻撃して、戦況は泥沼化した。一八八五年の天津条約で講和し、清朝はベトナムの宗主権を放棄した。

▼**ウィルフレッド・ブラント**（一八四〇〜一九二二）　アイルランド系イギリス人の詩人。アイルランド・エジプト・インドの民族主義を擁護した。エジプトではオラービー革命を取材して、『英エジプト占領に関わる秘密の歴史』を著した。

●——**ベイルート**　ベイルートでアブドゥフが暮らしたズカーク・ブラート地区（現在はパトリアルカトとも呼ばれる）。十九世紀後半に開発された新市街で、今も当時の面影が残る。

●——**スルターニーヤ学院**　アブドゥフが教鞭を執ったころのスルターニーヤ学院（下）と、現在の姿（上）。現在は、イスラーム系の団体が運営する女子校となっている。

ンドルフ・チャーチルもいた。

　アブドゥフはパリでアフガーニーと行動をともにしながらも、しだいにアフガーニーの政治的行動主義から離れるようになる。一八八四年十月に雑誌『固き絆』の最後となる巻が発行されると、アフガーニーはロシアに、アブドゥフはチュニスに旅立ち、その後二人が会うことはなかった。アブドゥフはチュニス滞在ののち、エジプトへの密入国を企《くわだ》てるが失敗し、一八八五年の初めにベイルートにもどった。ベイルートではふたたびフマーダー市長の歓待を受け、彼の姪と二度目の結婚もしている(彼の最初の妻は幼い娘を残して死去していた)。

　同じ年の暮れ、アブドゥフはベイルートのスルターニーヤ学院▲に教員としてまねかれた。これは一八八三年に設立されたばかりの学校で、近代的な科学とイスラームの双方をバランスよく教育することを目的としていた。彼はここで、イスラーム神学と歴史学を担当するとともに、カリキュラムの編成や学校の運営にもたずさわった。歴史学の講義では、エジプトのアズハル学院やダール・アルウルーム在職時と同じく、ギゾーやイブン・ハルドゥーンを教科書に用いたが、イスラーム神学の講義では彼の改革思想を整理する作業をおこない、そ

▼スルターニーヤ学院　オスマン帝国に立憲制をもたらしたミドハト・パシャ(一八二二〜八四)の支持者が設立したもの。当時レバノンに進出していたヨーロッパ系の学校に対抗し、かつイスラームとキリスト教の共存をめざした。

の内容はのちに彼の主著とされる『タウヒード論』(七四頁参照)として出版された。

アブドゥフは国外追放の期間、折にふれてオスマン帝国の各地やヨーロッパ各国を訪問し、積極的に見聞を広めた。また、スルターニーヤ学院に在職した約三年間で、自らの思想の整理もおこなった。それらは、やがてなすべき改革運動の準備ともいうべきものだったが、エジプトのヘディーウ・タウフィークは追放期間が過ぎてもなお、彼に帰国の許可を出さなかった。その理由は、アズハル学生などへのアブドゥフの影響力を恐れたためといわれる。しかし、タウフィークはついに帰国の許可を出し、アブドゥフはエジプトに帰国することとなった。

③—国民法廷判事とアズハル改革

帰国

アブドゥフがエジプトに帰国した時期は、不思議なことに明らかではない。それに言及した唯一の資料には、ヒジュラ暦(イスラーム暦)の一三〇六年に帰国したが、月日は不明と記されている。これに従えば、アブドゥフは一八八八年九月七日から八九年八月二十七日の間に帰国したことになる。

アブドゥフが帰国できた理由としては、イギリスの勧告説とオスマン帝国の勧告説がある。前者は、ザグルールがクローマーに彼の帰国を嘆願し、クローマーはアブドゥフが以後政治活動をおこなわないとの条件のもとで、タウフィークにこれを進言したというものである。後者は、ベイルートでのアブドゥフの行動に警戒心をいだいたオスマン政府が、エジプトにおける同政府代表アフマド・ムフタール・ガーズィー・パシャをつうじ、タウフィークに彼の帰国を要請したというものである。アブドゥフは帰国直後に、ガーズィーの自宅をたずねている。また、帰国以後のアブドゥフとクローマーとの協力関係は職務にかぎらず、ナージリー王女のサロン(四五頁参照)での歓談など、公私にわたるものだった。これらのことから、この二つの説はともに信憑性があるものと思われる。

これに加えて、アブドゥフの帰国に関するもう一つの事実がある。それは、彼の帰国以前の一八八八年六月十一日における第二次リヤード内閣の成立である。その五人の閣僚のうち三人が、アブドゥフが官報編集長に任命された当時の第一次リヤード内閣でも閣僚を務めていた。その三閣僚とは、教育相アリー・ムバーラク、司法相フサイン・ファフリー、陸軍相ムスタファー・ファハミー・パシャ(六五頁参照)である。

第二次リヤード内閣が、アブドゥフの帰国に直接関与したという証拠はない。しかし、少なくとも以下のような指摘は可能であろう。国外に退去していたリヤードは、オラービー革命後に帰国したが、第三次シャリーフ内閣と第二次ヌーバール内閣が比較的長く続き、首相に復帰できなかった。第三次シャリーフ内閣はオラービー革命裁判の当事者内閣であり、シャリーフ自身がアブドゥフとは不仲であった(シャリーフは一八八七年に死去)。また、第二次ヌーバール内

サアド・ザグルール

イブラーヒーム・ヒルバーウィー

閣は、雑誌『固き絆』のエジプト持ち込み禁止を閣議決定している。しかし、ヌーバールはタウフィークと衝突して、一八八八年六月七日に解任された。そのあと、アブドゥフの後援者であったリヤードが首相に任命された。第二次リヤード内閣は、それ以前の二つの内閣のようにアブドゥフの帰国に消極的な理由をもっておらず、むしろそれを待ち望む存在といっていい。正確な月日が不明であるにしろ、第二次リヤード内閣の成立後にアブドゥフが帰国できたことは、そこになんらかの影響があったものと推察できる。

ここで、オラービー革命以前におけるアブドゥフの周辺人物が、この時期どうなっていたかみてみよう。サルマーンは革命後も官報に残り、編集員を続けていた(一八九一年内務省官報局長に就任)。ザグルールは官報から内務省に移り、その後カイロ近郊のギザ法務局長を務めていたが、一八八三年に革命参加者への冷遇などから職を辞し、弁護士を開業した。ギザ法務局長時代から法律を学び、アズハル学院で学んだシャリーアとエジプト政府の世俗法との融合の道を探るその態度が、クローマーの信任をえるところとなったという。ヒルバーウィーも革命後官報を去り、弁護士を開業した。彼は一九一二年にエジプト弁護士会が設立されると、その初代会長に選出されている。アブドゥフとともにベイルートに滞在していたリカーニーは、彼よりも早く帰国し、これまた弁護士を開業している。とくに、前ヘディーウ・イスマーイールの妃たちの財産問題を担当して有名となった。ザグルール、ヒルバーウィー、リカーニーの三人は、当時のエジプトにおけるもっとも卓越した弁護士であったといわれる。

ただし、この時期すでに法律相談や手続き代行などの需要が高かったにもかかわらず、まだ弁護士の資格規定はなく、法律に関する知識さえあれば自由に弁護士を開業できた。一八八八年に弁護士法が施行され、翌年に法改正がなされたが、この段階でもその資格規定には不明瞭な部分が多々あった。ザグルールでさえ、司法職の正式な資格をえたのは一八九七年であった。当時の法律家不足は深刻であり、アブドゥフの帰国時期にあたる一八八八年の国民法廷カイロ控訴院には四五人の法律家がいたが、そのうちエジプト人は一三人にすぎなかった。

また、カーシム・アミーン▲についても、述べておく。彼は一八八一年に行政学校を卒業したころにアフガーニー・グループに接近し、フランス留学中（一

▼**カーシム・アミーン**（一八六三〜一九〇八）　法律家であるとともに、エジプトにおける女性解放運動の草分け的存在。イスラームにおける女性の伝統的な役割と女性の権利の双方を擁護した。女性の社会からの隔離はムスリムの解釈によるもので、イスラームとは関わりがないとし、強い非難をあびた。

八八一〜八五年)に当時パリに滞在していたアブドゥフと知己の関係となった。帰国後は混合裁判所判事、法務局勤務をへて、一八八九年六月から国民法廷ベニー・スエーフ地方裁判所所長を務めている。

国民法廷での昇進

帰国後のアブドゥフは教育職を望んだが、タウフィークはこれを許さず、カイロから遠ざける意味を含めて国民法廷判事に任命した。彼はベンハー、ザカージーク、カイロの各地方裁判所判事を務め、その後カイロ控訴院大法官に就任した(国民法廷は二審制で、控訴院はカイロにのみあった)。要するに最高裁の判事となったわけだが、ふたたび不思議なことにその就任日が不明である。資料にはヒジュラ暦一三〇八年とのみ記されており、それは一八九〇年八月十七日から九一年八月九日の間のできごとということになる。ただし、国民法廷判事任命から控訴院大法官就任までの期間が約二年であったことは、複数の資料に記されている。帰国時期が不明のため、二年としても大法官就任時期は依然として不明のままだが、ここで興味深いのはこのときのアブドゥフの昇進の早さである。二年という期間は、彼のそれまでのキャリアや当時の法律家不足を考慮に入れても、異例のスピードといわざるをえない。例えば、行政学校を首席で卒業しフランス留学までしたカーシム・アミーンでさえ、混合裁判所判事(一八八五年)から国民法廷カイロ控訴院大法官(一八九四年)まで、じつに八年以上かかっているのである。

当時のエジプトにおける司法は、四種類の裁判が並立するきわめて特殊な状況にあり、その法体系は複雑を極めていた。中世まではシャリーア法廷のみであったが、不平等条約締結により領事裁判権が認められ、外国人がかかわる事案は各国大使館で裁判がおこなわれるようになる。しかし、そののちに領事裁判権は外国人のみがかかわる事案に限定され、エジプト人と外国人がかかわる事案は、一八七五年に設立された混合裁判所が扱うこととなった。混合裁判所では、ヨーロッパ人判事とエジプト人判事が同席して裁判を担当したが、そこでの法律は主としてナポレオン法典を基礎としたフランス法が採用されていた。混合裁判所の設立はアブドゥフがアズハル学生であった時期で、彼はアフガーニーとともにこれに憤慨し、のちに官報に掲載した論文でシャリーアおよびイスラームの危機であると論じている。

しかし、シャリーアに関わる真の危機は、彼の国外追放中に訪れた。イギリス単独占領後の一八八三年、エジプトのシャリーア支配をくずす国民法廷が設立された。国民法廷はエジプト人(法的にはオスマン帝国臣民)の事案を対象とする普通裁判所で、その法律もフランス法を基礎とした世俗法が用いられた。これにより、シャリーア法廷は婚姻・離婚・相続といった個人の法的地位に関わる民法のみを扱うことになった。ただし、国民法廷は設立後なかなか機能せず、一八八八年頃にようやく裁判がおこなわれるようになった(一八九一年および一九〇四年改組)。

帰国したアブドゥフは、この機能しはじめたばかりの国民法廷を職場としたわけだが、シャリーアに危機をもたらしたものとして国民法廷を批判した形跡はとくにない。帰国を許されたばかりの微妙な立場ゆえ、内心忸怩たるものがあったかもしれない。しかし、地方裁判所判事時代には、訴訟や判決をより効率的におこなえるよう手続きを簡素化したり、シャリーア法廷改革の必要性を訴えた報告書を司法省に提出するなど、判事の職務とともに司法行政の改革にも取り組んだ。

アブドゥフが控訴院の大法官に就任した時期、エジプトの司法行政はさらなる重大な転機を迎えている。一八九〇年、大英帝国インド政庁より判事ジョン・スコットがエジプト司法省調査に赴任し、翌九一年二月そのまま司法省顧問に任命された。これにより、すでに顧問がおかれていた財務省、内務省、公共事業省、軍・警察に続き、司法省にもイギリスの影響力が拡大されることとなった。イギリスの顧問とは単なるアドバイザーではなく、実質的には閣僚級の権限を有して、重要な決定事項にはその承認が必要とされた。リヤード首相は司法省顧問設置に強硬に反対したが、受け入れられず同年五月に辞任した。ファフリー司法相も、スコットが提案したエジプト人判事にヨーロッパ人監督官を付けるなどの計画に抵抗するが、結局押し切られてしまう。

国民法廷におけるアブドゥフの異例の昇進が、当時の司法行政に関わる混乱や軋轢と関係していることは確実であろう。ただ、それが司法行政への介入をはかるクローマーによるものか、あるいはそれへの抵抗を試みるリヤードやファフリーによるものか、資料からは判断できない。しかし、いずれにしても、当時の司法省にはエジプト人の改革専門家に対する需要が一段と高まっており、そこに突如あらわれたアブドゥフは、きわめて有用な人物であったに違いない。

▼ムスタファー・カーミル（一八七四〜一九〇八）　フランス留学後、エジプトでワタン党を結成し、新聞『リワー』を発行した。オラービー革命以降の民族主義運動を主導し、独立や憲法制定を訴えた。一九〇七年、在野において国民会議を組織したが、その翌年に三四歳で病死した。

新ヘディーウとの親交

一八九二年一月七日、アブドゥフとは疎遠であったヘディーウ・タウフィークが死去し、同月十六日に彼の長子アッバース・ヒルミー二世が、一七歳という若さでヘディーウに即位した。新ヘディーウは多くの人々の期待を集め、とくにムスタファー・カーミル▲らの民族主義者たちが彼に接近していった。四三歳のアブドゥフも即位直後からヒルミー二世との親交を深め、やがて重要な問題に関する彼の個人的な相談相手になっていく。そして、この間に王室儀典長ハサン・アーシム・パシャ（のちにヘディーウ庁長官）、ワクフ行政専門家のハリール・フマーダー・パシャ（のちにオスマン政府ワクフ相）、アズハル学院教授シャイフ・アフマド・アブー・ハトワ、王室書記官長アフマド・シャフィーク・パシャら、ヘディーウの側近とも友人関係を築いていった。

この一八九二年は、カーシム・アミーンとザグルールが国民法廷カイロ控訴

●―**クローマー卿**(在任一八八三～一九〇七)　本名はイヴリン・ベアリング(一八四一～一九一七)。エジプト・インドの財政改革で手腕を発揮し、エジプト総領事となる。その功績は、植民地経営の一典型と評価される。一八九二年に男爵の位を授かり、クローマー卿となる。

●―**ヘディーウ・アッバース・ヒルミー二世**(在位一八九二～一九一四)　ウィーンの士官学校在学時に、父の死により即位した。歴代のイギリス総領事と対立し、第一次世界大戦勃発にさいしてイスタンブルに移り、エジプトにイギリスへの戦いを呼びかけて退位させられた。第二次世界大戦中、ふたたびイギリスへの戦いをエジプトに呼びかけながら、ジュネーブで客死した。

●―**ナージリー王女**(一八五三～一九一三)　ヘディーウ・イスマーイールの姪。ヘディーウ・タウフィークのいとこ。自身の邸宅で夜会を催し、知識人たちのサロンを形成した。彼女のサロンで、クローマー、アブドゥフ、ザグルール、カーシム・アミーンらが議論を交わしていた。

院の判事補に任命され、アブドゥフと同じ職場に就いた年でもあった。アミーンはタンター地方裁判所所長からの昇進であり、ザグルールはアブドゥフの推薦によって採用されたもので、両名とものちに大法官になっている。

さらに、アブドゥフはこの年に、イスラーム慈善協会を設立している。アブドゥフは発起人代表としてこの協会の設立計画書を政府に提出し、十二月五日に閣議認可された(首相ファハミー、司法相ファフリー)。協会の会員にはリヤード、ファフリー、アーシム、ザグルール、アミーン、ヒルバーウィーのほか、立法議会議長アリー・シャリーフ・パシャ、翌年成立の第三次リヤード内閣で司法相となるアフマド・マズルーム・パシャ、同内閣陸軍次官ムハンマド・マーヘル・パシャ、アレキサンドリア混合裁判所大法官アリー・ファフリーらがいた。イスラーム慈善協会の主要な目的は、富裕層より寄付を募り、貧困家庭子弟のための学校を設立することであった。アブドゥフの存命中に七校が開校し、七六六人の生徒が学んでいる。これらの学校にはアリー・ムバーラク奨学金という制度が設けられ、成績優良者に授与された。アブドゥフはこの協会の式典における演説で、たびたびムバーラクの功績を讃えている。

▼**ハーバート・キッチナー**（一八五〇〜一九一六）　イギリスの軍人。のちにエジプト総領事（在任一九一一〜一四）。ザンジバルや東スーダンの駐屯軍に勤務したのち、八八年にエジプト軍総司令官に就任。九六〜九八年には、スーダンのマフディー国家に対する攻撃を指揮した。エジプト総領事時代は、民族主義運動を抑圧するとともに、農業省を新設して灌漑制度の改良などを推進した。

ファハミー首相が病気を理由に辞任すると、ヒルミー二世はファフリーを首相に任命した。ファフリーは穏健派と評価されていたが、クローマーだけは彼をフランス贔屓《びいき》の民族主義者とみなし、この任命に強く反対した。ヒルミー二世はクローマーとの協議ののち、リヤードを首相に任命し、一八九三年一月十九日に第三次リヤード内閣が成立した。この時期まで、ヒルミー二世とクローマーの関係は比較的良好であったが、一八九四年一月のワーディー・ハルファ事件を契機に、両者の関係は一気に悪化した。これはヒルミー二世がスーダン国境の視察に赴いたさい、同行したエジプト軍総司令官キッチナー▲将軍に侮辱的な発言をしたという事件であった。事件後、クローマーは視察に同行したマーヘル陸軍次官の解任と、ヒルミー二世からキッチナーへの謝罪を要求し、ヒルミー二世はその要求に屈した。このほかにも、ヒルミー二世が反英の新聞に資金援助していたことや、クローマーの助言を求めずに行政権を握ろうとしたことなど、両者の関係悪化の理由は多々あるものの、この事件によってその対立は決定的となってしまう。

リヤードは屈辱的な謝罪からヘディーヴを守れなかった責任をとり、四月四日に辞任。同月十六日に、第三次ヌーバール内閣(陸軍相ファハミー、公共事業相兼教育相ファフリー、財務相マズルーム)が成立した。そして翌九五年一月三日、この内閣に対してアズハル運営委員会設置を命じるヘディーウの勅令が発せられた。アブドゥフ四五歳にして、念願のアズハル改革が始まった。

アズハル改革の始動

かねてよりアブドゥフはヒルミー二世に対し、「アズハル、ワクフ行政▲、シャリーア法廷の三つの宗教問題を改革すれば、イギリスの干渉を遠ざけ、彼らがヘディーウに異を唱えることはなくなるでしょう。まず、アズハル改革から始めるべきです」(リダー『ムハンマド・アブドゥフ先生の生涯』)との提言をおこなっていた。アズハル運営委員会は、学内行政の最高決定機関と位置づけられたもので、勅令からわずか一〇日後の一月十三日に設置された。当時のシャイフ・シャムスッディーン・インバービー総長(在任一八八六〜九五)は改革に消極的なウラマーであったが、病気のため一九九四年の十二月から改革推進派のハスーナ・ナワーウィー(一八八一年教育高等委員会委員)が総長を代行していた

▼ワクフ行政　ワクフとは、シャリーアに規定された財産保全のための寄進地。ここでのワクフ行政とは、寄進地からの利益をモスクなどの管理・運営のために用いる宗教的なワクフの手続きや運用などを指す。

（九五年六月二十五日、ナワーウィーは総長に就任）。改革に積極的なナワーウィー総長のもと、アブドゥフ主導のアズハル運営委員会は本格的な改革に乗り出した。

ナワーウィー総長を委員長とする委員会の委員五人は、アズハル側三人がシャイフ・サリーム・ビシュリー（マーリク派▲代表）、シャイフ・アブドッラフマーン・シャルビーニー（シャーフィイー派▲代表）、シャイフ・ユーセフ・ハンバリー（ハンバル派▲代表）、政府側二人がアブドゥフ（国民法廷大法官）とサルマーン（内務省官報局長）であった。この新体制のもとで、約一年の間に三本の法律が発布された。アズハルに関する法律は、一八七二年から一九〇八年の三六年間に、この三本を含めてわずか九本しか発布されておらず、この時期の変化の大きさがうかがえる。

一八九五年六月二十九日、まず「アズハル給与法」が発布された。これはアズハルの基金やワクフを整理して財源を確保し、教授職を七等級に分けてその給与を制度化したものであった。当時のアズハル学院の給与は固定給ではなく、かつ薄給であったが、アブドゥフはこれを大幅に増額して明確に規定した。ヒ

▼マーリク派　正統四法学派の一つ。マーリク・イブン・アナス（七一五〜七九五）を名祖とし、柔軟で現実主義的な法解釈をおこなった。主として、北アフリカやペルシア湾岸アラブで用いられる。

▼シャーフィイー派　正統四法学派の一つ。シャーフィイー（七六七〜八二〇）を名祖とし、マーリク派・ハナフィー派とハンバル派との対立を、厳格な法源論を用いて解決した。南アラビアや東アフリカ、東南アジアで用いられる。

▼ハンバル派　正統四法学派の一つで、神学派もかねる。イブン・ハンバル（七八〇〜八五五）を名祖とし、もっとも保守的・教条主義的立場をとる。歴史的には諸王朝に用いられなかったが、現在はサウジアラビア王国がワッハーブ派として用いている。

十九世紀のアズハル（想像図）

現在のアズハル大学

ルミー二世はこの法律を支援し、一八九六年十二月にワクフ庁に対し追加支出を命令、翌九七年から計三三七四エジプト・ポンドの予算がアズハルに割り当てられた。これを含め、アズハルの歳入は四〇〇〇エジプト・ポンドから一万四七五〇エジプト・ポンドに増加した。

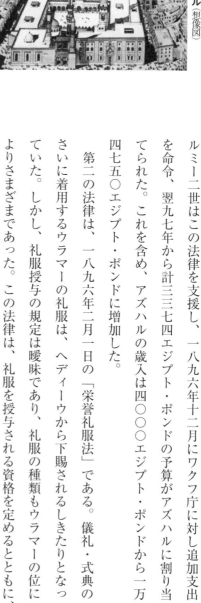

第二の法律は、一八九六年二月一日の「栄誉礼服法」である。儀礼・式典のさいに着用するウラマーの礼服は、ヘディーウから下賜されるしきたりとなっていた。しかし、礼服授与の規定は曖昧であり、礼服の種類もウラマーの位によりさまざまであった。この法律は、礼服を授与される資格を定めるとともに、礼服の総数を一〇〇着と制限して一等（一五着）、二等（三五着）、三等（五〇着）の三ランクに分類した。また、礼服授与に関しては、アズハル運営委員会の審査が必要とされた。

そして、アズハル改革の核心ともいうべきものが、一八九六年七月一日に発布された「アズハル法」である。その第一章においてアズハル総長の権限拡張が定められ、アズハル総長はエジプトにおけるすべてのイスラーム教育関係者の頂点に立つこととなった。各地のモスクに付属するマドラサはアズハルの監督下にはいり、その教育内容や運営もアズハル運営委員会の決定に従うものとされた。第二章は入学規定に関するものであり、一五歳以上で読み書き能力をもち、クルアーンを半分以上暗記していることなどが取り決められた。

第三章は、講義内容に関するものである。アズハル学院の講義は、「基本」(神学・倫理学・法学・法源論・クルアーン解釈・伝承学)と「補助」(修辞・文法・論理学・数学など)と「選択」(イスラーム史・作文・文学・幾何学・地理)の三つに分けられ、「補助」を学んだあとでなければ「基本」を学ぶことを禁じられた。また教科書は、アズハル運営委員会が指定したものを使用し、入学後四年未満の者は注釈書や解説書の読書を禁じられた。これらのカリキュラム規定は、理解のないままに知識を詰め込む伝統的な教育法を抑え、理解する能力を身につけたうえでイスラーム諸学の古典を学び、その内容の自発的な理解を学生に求めるものであったといえる。注釈書や解説書は教科書の中心を占めていたが、アズハル法により古典中心の教育に改められた。

第四章は卒業試験に関する規定であり、これには「一般資格」と「教授資格」の二段階が設けられた。前者は八年以上、後者は一二年以上在学し、かつ所定の科目を修めた者が受験する。「一般資格」取得者は、各モスクのイマーム、ハティーブ、ムアッジンおよびクッターブ教師となる。「教授資格」取得者は三つのランクに分かれ、一等がアズハル学院教授職に、二等と三等が各地のモスク付属マドラサの教授職に就く。第五章では、教育的懲罰の規定が明確にされた。

無論、アズハル運営委員会による改革は、これらの法律によるものだけではない。例えば、学生寮が整備され、図書室や医務室が新たに設けられた。これら施設面の改良は、アブドゥフの在学当時から続く劣悪な教育環境に対し、ようやくほどこされた対策であった。

▼イマーム、ハティーブ、ムアッジン、クッターブ　イマームは多義語だが、ここでは金曜礼拝の導師を意味する。ハティーブは金曜礼拝の説教師。ムアッジンはアザーン(礼拝の呼びかけ)をおこなう者。クッターブは、町村で子どもに読み書きやクルアーン暗唱を教える学校。

④—最高ムフティーと立法議会議員

最高ムフティー就任

一八九七年、雑誌『固き絆』に感銘を受けたシリア人ウラマーのシャイフ・ムハンマド・ラシード・リダー▲がカイロを訪れ、アブドゥフの弟子となった。リダーは雑誌『マナール』を創刊し、アブドゥフはそこに多くの論文や評論を寄稿した。

このころ、シャリーア法廷に対するイギリスの干渉は、しだいに強まっていった。一八八三年の国民法廷設立により、シャリーア法廷が扱う事案は一部の民法に制限されたことは、すでに述べた。一八九七年五月には、シャリーア法廷を三段階に再編成し、それらの権限の範囲を明確化する勅令が発せられた。さらに、クローマーと司法省顧問マキルレイスによって、二つの計画が立てられた。一つは、シャリーア法廷に国民法廷控訴院判事二人を同席させる計画。もう一つは、エジプトとオスマン帝国との関係分断をねらって大カーディーにアズハルのエジプト人シャイフを任命する計画であった。大カーディーとは、

▼ムハンマド・ラシード・リダー（一八六五〜一九三五）　レバノンのサイイド（預言者ムハンマドの子孫）の家系に生まれる。彼が主宰する雑誌『マナール』は中東から東南アジアまで流通し、イスラーム改革思想の発展に寄与した。アブドゥフの死後、その伝記である『ムハンマド・アブドゥフ先生の生涯』（一九三一年）を執筆した。シリアの民族主義運動に関わり、またオスマン帝国消滅後のカリフ制の議論のなかではサウジアラビアのワッハーブ派を支持した。

▼ムフティー　ムフティーとはファトワーを発する権限を有する、イスラーム法学の高位のウラマーを意味する。ファトワーとは、シャリーア法廷の判決とは別に、ムフティーが示す法的意見または判断であり、政府やシャリーア法廷、一般の信徒などからの諮問に答えるかたちで発せられる。

ハスーナ・ナワーウィー

エジプトにおけるシャリーア法廷の最高責任者で、オスマン帝国のスルタンによりトルコ人が任命されていた。

アズハル総長兼最高ムフティー▲のハスーナ・ナワーウィーと、大カーディーのシャイフ・ジャマールッディーン・エフェンディーは両計画に猛反発した。一八九九年五月十日にシャリーア法廷に国民法廷の判事を同席させる計画が立法議会にかけられると、ナワーウィーは活発な議会工作で対抗した。このとき、アブドゥフはヒルミー二世から相談を受け、以下のように進言している。

> もしクローマーと会い、トルコ人のかわりにエジプト人のカーディーを任命するよう求められたら、答えは一つしかありません。それは、「宗教的な心情は私にそのような任命をおこなうことを許さない。なぜなら、私はそれをスルタンの権利であると約束したからだ」というものです。
>
> （アブドゥフ『ヘディーウとイマームの対話』）

その後、ヒルミー二世はクローマーに対し、これは良心と心情の問題であると言明し、イギリスの試みは挫折した。一方、シャリーア法廷に国民法廷判事を同席させる計画も、それを実施するための改革令が立法議会で強行採決され、それが官報に掲載されると民衆の間に騒乱が生じたため、取りやめとなった。しかし、この事件ののち、イギリスの圧力によりナワーウィーは解任され、一八九九年六月三日、アズハル総長にシャイフ・アブドッラフマーン・クトブ・ナワーウィーが、そして最高ムフティーにアブドゥフが任命された。ただし、新しいアズハル総長は就任後一カ月で病死し、後任にはサリーム・ビシュリーが就いた。ビシュリーはアズハル運営委員であったにもかかわらず、改革に反対する保守派ウラマーであった。アブドゥフは最高ムフティー就任と同時に、アズハル改革に支障をきたすという皮肉な状況に陥った。

この任命にさいし、ファハミー首相（一八九五年十一月第二次内閣成立。公共事業相兼教育相ファフリー、財務相マズルーム）は、ハサン・アーシムとともにこの決定を歓迎し、アブドゥフがこの任命を受諾するよう望んで、次のように語ったという。

私はアブドゥフに、こういうつもりだ。もし、アブドゥフが最高ムフティーの職を受けなければ、それは占領にともなう私の困難な立場に対するたくらみであるとみなすと。アブドゥフにとって、この仕事は荷が重すぎると私も認める。しかし、何事にも時期というものがある。

（リダー『ムハンマド・アブドゥフ先生の生涯』）

アブドゥフもまたこの時期、弟子のリダーに以下のように語っている。

君はこの人物――ムスタファー・ファハミー・パシャ――を、民族主義者たちがいうように、この国に対する裏切り者だと思うか。彼は非常に優秀であり、そしてこの国の改善と利益を願っている。しかし、彼は意志が弱い。もっともはじめから弱かったわけではなく、占領当局が彼に示した信頼によって、そうなってしまったのだ。けれども、彼は国益に大きく貢献しているし、多くの弊害を取り除いている。ただ、そのことを他人にいわないのだ。

（アブドゥフ『エジプト人』）

アブドゥフは最高ムフティーに続き、六月二十五日に政府より立法議会議員にも任命される。上記の発言にみてとれるファハミー首相との信頼関係は、五〇歳のアブドゥフが迎えた新たな改革運動の場において、力強い味方であったに違いない。

最高ムフティーとは、文字どおりエジプトにおける最高位のムフティーであるが、最高位であるがゆえに、諮問はほぼ政府にかぎられていた。しかし、アブドゥフはこの慣例を破り、最高ムフティーでありながら一般の信徒からの質問も受け付けた。アブドゥフには、エジプトのみならず広くイスラーム世界各地から質問が寄せられ、彼の死までの六年の間に約一〇〇〇のファトワーが発せられたといわれる。

その大半はシャリーアの規定に則した常識的な判断であったが、なかには斬新で異例なものもあった。例えば、利子を受け取ることはシャリーアで禁止されているが、アブドゥフはそのことによって害悪が生じなければ、利子を受け取ることができるとの判断を示した。これは、マーリク派の「マスラハ(公益)」という概念を援用したもので、シャリーアの規定よりも社会的な利益を優先するものであった。同様に、南アフリカのトランスヴァール地方のムスリム(イスラーム教徒)からの「トルコ帽をかぶることはできるか、シャーフィイー派の信徒はハナフィー派▲のイマームが指導する礼拝をおこなえるか、キリスト教徒が屠殺した肉を食せるか」との質問に対しても、アブドゥフはいずれも可であるとのファトワーを出している。これは「トランスヴァール・ファトワー」

▼ハナフィー派　正統四法学派の一つ。オスマン帝国の公認法学派。アブー・ハニーファ(六九九～七六七)を名祖とし、マーリク派と同様に柔軟で現実主義的な法解釈をおこなった。シリア・イラク・トルコや中央アジア・インド方面で用いられる。

として知られているが、その判断は新聞紙上で常軌を逸したものとして攻撃され、物議をかもした。これについては後述する。

シャリーア法廷とワクフ行政の改革

一方、立法議会は一八八三年にタウフィークにより制定された立法機関で、議員総数は八二人であった。その内訳は大臣六人、立法審議会三〇人(州代表一六人、政府代表一四人)、国民の選挙によるもの四六人であった。アブドゥフは、政府から任命される一四人のうちの一人であったが、当時議長であったウマル・ルトフィー(一八七九年にアブドゥフが公職から追放された時期の反リヤード派)がこの任命を拒否したため、彼は当初議員として活動できなかった。しかし、任命から約一カ月後の七月十七日にルトフィーは急死し、アブドゥフは議員としての活動を開始した。

最高ムフティーに就任したアブドゥフは、ただちにエジプトにおける全シャリーア法廷の監査をおこない、その結果を一八九九年十一月に「シャリーア法廷改革に関する報告書」として司法省に提出した。その内容は、まずシャリーア法廷の存在意義を強調したうえで、書記職・判事職・会計・施設などの不備や、弁護・証言・証拠・判決・刑の執行などの裁判業務に関わる不正や非能率を指摘し、法廷全般の改革の必要性を訴えるものだった。この報告書は、そのまま司法省においてシャリーア法廷改革の計画書として採用され、これにもとづいて立法議会はアブドゥフを委員長とする二つの委員会を発足させた。

一つは、シャリーア法廷判事の資格を審査し、判事養成学校設立のために、その規則やカリキュラムを作成する委員会であり、もう一つは、判事の職務に必要な法令や決議を収集・整理する委員会である。前者の委員会では、シャリーア法廷の現職判事がまねかれ、アブドゥフと激論を闘わせた。判事は「シャリーアは神聖なもので、その法廷に改革の必要があるなどとは、ムスリムであればいえないはずだ」などと、改革拒否の姿勢を貫いた。これに対しアブドゥフは、「シャリーアそのものに、改革の必要はない。しかし、ムスリムはその理解にほど遠いのが現状であり、ムスリムがシャリーアを正しく理解できるよう、その法廷を改革する必要がある」との反論や説得を続けた(リダー『ムハンマド・アブドゥフ先生の生涯』)。

この委員会は一九〇四年にその審議を終えたが、シャリーア法廷判事養成学校はヒルミー二世や保守派ウラマーの反対に遭い、この時点では設立にいたらなかった。しかし、アブドゥフ死後の一九〇七年、ザグルール教育相によって彼らの反対を押し切って設立され、一九二九年まで続いた。

また、最高ムフティーはワクフ高等委員会の委員もかねていた。これは、クローマーがヒルミー二世のワクフ財産不正使用を抑えるために設けさせたものだったが、アブドゥフはここでワクフ行政の改革に着手し、一九〇四年にこの委員会に「モスク再編法案」を提出した。その内容は、すべてのモスクに従事するイマームの職務規定、モスク行政に関する監督官の任命およびその職務規定、モスク従事者の給与およびその採用条件の規定である。イマームおよびムアッジンは四階級に分類され、その給与を増額された。モスク従事者の採用にさいしては、アズハル法で規定された「教授資格」、「一般資格」を有するアズハル学院卒業生が優先、優遇されている。

ワクフ高等委員会はこの法案の審議にはいり、同年二月八日に採択し、五月初めにその施行を発表した。しかし、同月三十一日にヒルミー二世の施行差し止め命令が出され、この法案自体は実現にいたらなかった。けれども、法案の内容は実際のモスク行政に影響をおよぼし、これ以降イマームやハティーブはアズハル学院教授資格保持者（教育職）・一般資格保持者・非資格保持者の三階級に整理されるとともに、付属マドラサなどの運営もその不備が是正されていった。

改革の終焉

アズハル改革や最高ムフティーとしての改革運動には、ヘディーウの支持が不可欠であったが、アブドゥフとヒルミー二世との協力関係は、やがて破局を迎えることとなった。その時期は一九〇四年初頭であるが、両者の不和の理由については諸説ある。そのなかで決定的な原因として、以下の二つが考えられる。

一九〇三年十一月、ワクフ高等委員会にギザのワクフ寄進地をヒルミー二世の農場と交換する申請がなされた。調査の結果、この交換によってワクフ行政側に多大な損失が生じることが判明し、翌十二月に委員会はこれを拒否した。

ヒルミー二世はこの拒否に関して、アブドゥフを決して許さなかったという。この委員会の委員であったハリール・フマーダーは、アブドゥフに対し「ワクフに関しては、ヘディーウの好きなようにさせろ。彼に反対するのは我慢しろ。そうすれば、われわれはアズハル改革を君に自由にやらせることを保証する」と説得したが、アブドゥフは信念と良心に反するといって、この説得を拒否した。

ところが、別の資料によればこの事件が起こるのは一九〇五年で、これによりアズハル総長のビブラーウィー(後述)が更迭されたとある。この資料によれば、一九〇四年一月にヒルミー二世が親しいウラマーに礼服を送るようアズハル総長に命じたところ、アズハル運営委員会は「栄誉礼服法」の規定に反するとの理由で、これを拒否した。このときアブドゥフは、ヒルミー二世に法の遵守を説いたが、それがヒルミー二世の逆鱗にふれたというのである。

いずれにしても、アブドゥフとヒルミー二世の関係悪化は一九〇四年初めということになる。一九〇三年十月に発せられた「トランスヴァール・ファトワー」に対する攻撃が新聞紙上で始まるのは、じつはこの一九〇四年一月以降の

アレキサンドリア

ことである。アブドゥフのファトワーへの批判は、その内容に起因するものではなく、ヒルミー二世との不和からくる作為であった可能性がきわめて高い。さらに、その後はシャリーア法廷判事養成学校設立や「モスク再編法案」に対するヒルミー二世の反対が表明された。これ以降ヒルミー二世は、スーフィー教団シャイフ長のムハンマド・タウフィーク・バクリーやアズハル保守派ウラマーのビシュリー、シャルビーニーらとの結びつきを強めることによって、アブドゥフの改革運動を妨害していくのである。

一九〇五年三月十五日、ビシュリーらの画策によってアブドゥフの盟友であった改革推進派のアズハル総長シャイフ・アリー・ビブラーウィー（在任一九〇四〜〇五）が辞任し、同月二十五日にシャルビーニーが総長に就任した。新総長就任直前の十九日、アブドゥフとサルマーンは一〇年間務めたアズハル運営委員会を辞職している。その後もアブドゥフは最高ムフティーや立法議会議員の職務を続けていたが、病をえたためヨーロッパでの治療を望み、アレキサンドリアに向かった。しかし、アレキサンドリアで病が悪化し、そのまま一九〇五年七月十一日に死去した。五六年の生涯であった。

▼フサイン・ファフリー（一八四三〜一九一〇）　チェルケス人の家系に生まれる。フランス留学で行政法を学んだのち、司法省や混合裁判所に勤務し、司法相を中心に閣僚を歴任した。エジプト初の女子師範学校も設立した。

異色のウラマー

従来のアブドゥフ研究では、国外追放より帰国したあとのアブドゥフの地位上昇に関して、もっぱらクローマーおよびヒルミー二世とアブドゥフとの協力関係が指摘されている。しかし、本書での記述から明らかなように、アブドゥフの改革運動をとおして彼との密接な関係を指摘できる有力な政治家が四人いる。それは、イギリス単独占領以前から種々の改革政策を打ち出していたムスタファー・リヤード、エジプトの教育行政に偉大な足跡を残したアリー・ムバーラク、国民法廷設立をはじめとして司法制度の確立に取り組んだフサイン・ファフリー▲、一二年におよぶ長期安定政権を維持したムスタファー・ファハミーである。

アブドゥフの地位の上昇には、クローマーやヒルミー二世のみならず、これら四人のパシャが関わっていた。当時、彼らの立場やその言動、対人関係は複雑をきわめ、つねにゆれ動いている。例えば、リヤードはクローマーから「エジプトには、情熱と実力をかね備えた二人の人物がいる。それはシャイフ・ムハンマド・アブドゥフとリヤード・パシャだ。われわれの仕事は彼ら二人を財

●—**アリー・ムバーラク**（一八二三〜九三）　ムハンマド・アリー朝第一次ヨーロッパ派遣留学生でフランスに学ぶ。帰国後は灌漑・鉄道・教育など、多方面で大きな業績を残した。同時に農業社会論や小説など、多彩な執筆活動をおこなった。主著『新編地誌』（一八八八〜八九）は貴重な歴史的資料。

●—**ムスタファー・リヤード**（一八三五〜一九一一）　エジプトの士官学校卒業後、エジプト軍士官をへて、官僚に転身。ムハンマド・アリー朝歴代君主に重用され、首相・閣僚を歴任した。行政の整備・改革および西欧の技術導入を進めたが、イギリスとは対立を続け、オスマン帝国との関係を重視した。

●—**ムスタファー・ファハミー**（一八四〇〜一九一四）　トルコ人の家系に生まれる。エジプトの士官学校卒業後、エジプト軍士官。その後、州知事や閣僚を歴任した。オラービー革命中の第二次シャリーフ内閣およびバールーディー内閣でも外相を務めた。サアド・ザグルールは女婿。

▼**アリー・ユースフ**（一八六三〜一九一三）　『ムアッヤド』発行には、ザグルールの支援も受けた。ユースフは当初、ムスタファー・カーミルと親密であったが、イギリスの占領長期化にともなってその政治的論調を抑え、アブドゥフのイスラーム改革支持に転向した。

政的に支援することであり、彼ら二人はエジプトの進歩にとって必要な職務をおこなっている」（リダー『ムハンマド・アブドゥフ先生の生涯』）との評価を受けながら、一方でシャイフ・アリー・ユースフ▲に反英の新聞『ムアッヤド』を発行させている。アブドゥフが、対立を続けるクローマーとヒルミー二世の双方から信頼を受けた理由は何であったか。そして、この両者の対立に翻弄されながら、エジプトの行政をつかさどったリヤードら四人の政治家が、アブドゥフに期待したものは何であったのか。それは、計画書ないし法案の作成から、その審議・成立・実施にいたるまでの彼の行政能力である。

　ここまでの記述からとらえられるアブドゥフ像は、イスラーム改革思想家・運動家としての姿よりも、むしろ委員会活動や立法行為によって、エジプトのイスラーム宗教機構の制度改革を推進する有能な行政官としての姿である。アブドゥフは、起伏の激しい人生を送った人物である。彼に故郷への放逐、国外追放、地方への左遷といった不遇の時代をもたらすものは、つねに師アフガーニーと結びつけられた政治活動家としての評価であった。それに対し、官報編集長就任、国民法廷での異例の昇進、アズハル運営委員会設置、最高ムフティーおよび立法議会議員就任といったアブドゥフの地位の上昇には、その前後にかならず報告書や法案の作成がともなっており、実際の活動ではその審議・実施に関する彼の行政手腕が試されているのである。

例えば、アブドゥフが一カ月の間に最高ムフティーと立法議会議員の双方に任命されたことは、その端的な例といえる。元来、最高ムフティーという職は、慣例としてアズハル総長が兼任するものだった。事実、アブドゥフの前後の最高ムフティーは皆、アズハル総長が兼務している。立法議会議員との兼任のみならず、自ら作成した計画を委員長となって立法議会で審議した最高ムフティーなど、アブドゥフのほかには確認できない。

アブドゥフに対するこのような行政官としての評価を補足する説明として、以下の二点を指摘したい。一つは、当時アブドゥフ・グループと呼ばれた人物のほとんどが、法律にたずさわる職業に就いていることである。国民法廷カイロ控訴院大法官のカーシム・アミーン、サアド・ザグルール、弁護士として確固たる地位を築いたイブラーヒーム・ヒルバーウィー、イブラーヒーム・リカーニー、そして一九八九年に内務省官報局長から司法省に転属したアブドルカ

▼アフマド・ファトヒー・ザグルール(一八六二〜一九一四)　兄と同様に法律家となり、国民法廷カイロ地方裁判所所長などをへて、一九〇七年に司法次官に就任。ナポレオン法典などの翻訳者として知られる。

リーム・サルマーン。さらに、サアド・ザグルールの弟のアフマド・ファトヒー・ザグルール、▲アレキサンドリア混合裁判所大法官のアリー・ファフリーや、教官時代(一八七八〜七九)にアブドゥフの学生であったヒフニー・ナースィフ(国民法廷判事)、ムハンマド・サーリフ(国民法廷大法官)がいた。

ちなみに、そのほかはリダー、ユースフ、アフマド・ルトフィー・サイイドがジャーナリストであり、ムスタファー・アブドッラージク、アリー・アブドッラージク、ターハー・フサイン(八三頁参照)は、まだアズハル学生であった。

もう一つは、当時のイギリスの対エジプト政策である。アブドゥフが国外追放から帰国した一八八八年ないし八九年は、イギリスの対エジプト政策の転換が明確になった時期と符合する。一八八二年の単独占領以降、イギリスは早期撤退を表明していたが、八〇年代末からはクローマーによる恒久的エジプト統治の姿勢がはっきりとあらわれてくる。もともと財政再建と効率的な行政の確立が、占領にともなうイギリスの二大課題であったが、一八八八年以降はとくに行政改革が精力的におこなわれた。一八九〇年の司法省顧問設置や九九年の地租改正は、その具体的あらわれである。

表1　ムハンマド・アブドゥフが作成した公文書および参加した委員会

1880年7月（？）	官報改革に関する報告書
1880年10月	出版局および官報編集に関する計画書
1881年3月31日	「教育高等委員会」
？（1888/9年〜1890/1年）	シャリーア法廷改革に関する報告書
1892年12月5日	イスラーム慈善協会設立計画書
1895年1月3日	「アズハル運営委員会」
1895年6月29日	「アズハル給与法」
1896年2月1日	「栄誉礼服法」
1896年7月1日	「アズハル法」
1899年6月3日	「ワクフ高等委員会」
1899年11月	「シャリーア法廷改革に関する報告書」
？（1900年〜）	立法議会シャリーア法廷判事資格審査委員会
？（1900年〜）	立法議会シャリーア法廷に関する法令・決議の収集整理委員会
1904年2月8日	「モスク再編法案」

注:公文書のタイトルに「　」のないものは，資料に言及はあるが正式名称の記載がなく，確認できなかったもの。

表2　1905年8月21日 ムハンマド・アブドゥフ追悼集会演説者

ハサン・アーシム・パシャ	イスラーム慈善協会会員
シャイフ・アフマド・アブー・ハトワ	アズハル学院教授・シャリーア法廷判事
ハサン・アブドッラージク・パシャ※1	立法議会議員
カーシム・アミーン	国民法廷カイロ控訴院大法官
ハーフィズ・イブラーヒーム※2	詩人

※1　ハサン・アブドッラージク・パシャ…上エジプト（エジプト南部）の大地主で，ムスタファーおよびアリー・アブドッラージク兄弟の父親。立法議会でのアブドゥフの盟友。

※2　ハーフィズ・イブラーヒーム（1871〜1932）…「ナイルの詩人」と謳われる高名な詩人。スーダン軍に勤務したのち，詩人となり，アブドゥフやその周辺人物と親交を深めた。日露戦争に触発され，「日本の乙女」という詩を詠んだ。

ハーフィズ・イブラーヒーム

エジプト内閣についても、この時期の変化は明瞭である。一八七八年成立の第一次ヌーバール内閣から九四年成立の第三次ヌーバール内閣までの歴代一四内閣の平均寿命は、わずか一年二カ月であり、そのなかで最長の第二次ヌーバール内閣(八四年一月から八八年六月)でも四年四カ月であった。これに対し、九五年十一月成立の第二次ファハミー内閣は、一九〇七年十一月までじつに一二年の長きにわたっている。この長期政権の成立要因は多々あろうが、行政改革を進めるイギリスの意向にそったものであることは疑いない。

行政改革を推進するイギリスおよびエジプト政府にとって、アズハルやシャリーア法廷、ワクフ行政といったイスラーム宗教機構は容易に着手しがたい聖域であった。クローマーがイギリス首相ソールズベリに宛てた書簡(一八九九年五月十九日)で、「ヘディーウも大臣たちも、イスラームに関しては無知です。これは不思議なことですが、事実です」と述べたとおり、エジプト政府内でイスラームに精通する者は無きに等しかった。イスラーム宗教機構は腐敗や非能率をはらみながらも、他の分野に比して改革がとくに困難な牙城だったのである。イスラームに関する専門知識と世俗的な行政能力の双方を身につけた人物でなければ、その改革の断行は不可能である。そのような人物は、クローマーが「異色のウラマー」(クローマー『近代エジプト』)と評したアブドゥフ以外にはいない。

アブドゥフの生涯と改革運動を、以上のような視座から評価するならば、そこから看取できる彼の実像は、ウラマーと行政官をかね備えたその特異な存在である。そして、自らのイスラーム改革思想を行動で示すことができる地位を彼にもたらしたものは、その卓越した行政手腕だったのである。

⑤—思想と運動の関連

「啓示と理性の調和」

アブドゥフは、イギリスおよびエジプト政府がイスラーム宗教機構の改革に着手するうえでの、いわば切り札であった。しかし、アブドゥフ自身は、イギリスまたは政府主導の改革に強い反対を表明している。彼はリダーに、次のように語っている。

アズハル改革は、政府の協力なしでは遂行できない。しかし、私は自分がアズハルにとどまるかぎり、政府がアズハルに干渉するような真似はさせない。このことを政府に要求する私の立場が、どのようなものかわかるか。われわれはアズハルのシャイフたちを説得して、自治にこだわるよう要請するしかないのだ。（アブドゥフ『アズハル改革』）

アブドゥフは、世俗主義に立脚する外部勢力によるイスラーム宗教機構への改革に強い警戒心をいだいており、あくまで宗教機構内部からの制度改革をめざしている。彼は、アズハル・シャリーア法廷・ワクフ行政の三つの改革の必要性を訴え続けた。そして、実際の改革運動では、これら三つの改革は互いに連結されて、一つの体系を形成している。一八九六年の「アズハル法」は卒業資格を明確に規定し、卒業生の進路によってそのランク付けをおこなっている。そのランクは、一九〇四年の「モスク再編法案」におけるモスク従事者の採用条件に、そのまま記載されている。また、立法議会シャリーア法廷判事資格審査委員会で審議された同法廷判事養成学校は、その対象をアズハル学生とするものであり、法律学校(一八八六年行政学校を改組)とは一線を画した教育機関であった。

実施にいたったかどうかはともかくとして、以上のようなアブドゥフの改革案を眺望するならば、そこにはエジプトの宗教機構に対する包括的な制度改革という、壮大なプランが看取できるのである。イギリスは、例えば法律という一つの分野において、国民法廷とシャリーア法廷を結びつけることを求め、法の聖俗融合ないし世俗化をはかった。これに対し、アブドゥフはイスラームという枠組みの内部で、アズハル・シャリーア法廷・ワクフ行政を横断する改革をはかり、その自立自存をめざしたといえる。

▼『タウヒード論』　タウヒードとは「神の唯一性」を意味し、イスラームの教義のなかでももっとも重要なものの一つとされる。この著作は、イスラーム神学の教科書として書かれたもので、イスラーム史観はその序論に示されている。

▼『科学と文明に対するイスラームとキリスト教のかかわり』　アブドゥフはキリスト教徒のシリア人ジャーナリストへの反論のかたちをとって、雑誌『マナール』に五本の論文を掲載した。この著作は、それらをまとめて同じ年に出版したもので、一般読者向けに彼の思想をわかりやすく解説している。

では、このような改革運動の基盤となった彼のイスラーム改革思想とは、どのようなものであったか。アブドゥフはあまたの著作や論文を残しているが、ここではその主著とされる『タウヒード論』▲(一八九七年)と、これにつぐ代表的著作といわれる『科学と文明に対するイスラームとキリスト教のかかわり』▲(一九〇二年)を取り上げ、彼の思想内容を簡潔にまとめてみたい。

アブドゥフのイスラーム改革思想の中心は、「啓示と理性の調和」である。イスラームとは本来、理性と調和できる唯一の宗教であり、ムスリムにとって理性の活用は義務である。ムスリムは、理性を活用することによって科学や文明を自らのものとし、今日の硬直化した状況を打破しなければならない。そして、この「啓示と理性の調和」が実現していた状況こそ、サラフの時代のイスラームであり、ムスリムが理性的な思考をおこなうことは、初期の純粋なイスラームに立ち帰ることにほかならない。アブドゥフは、このような改革思想をさまざまな機会に説き続けた。

サラフィーヤ

サラフとは、初期イスラーム時代のムスリムで、一般にサハーバ、タービウーン(サハーバに従う者)、アトバーウ・アッタービイーン(タービウーンに従う者)の三段階に分かれる。サハーバとは、たとえ幼児であっても預言者ムハンマドと接したことのあるムスリムで、最後のサハーバが他界するのが七一〇年ないし七一一年である。タービウーンはサハーバと接したムスリムで、最後のタービウーンが他界するのが七九六年。アトバーウ・アッタービイーンには諸説あるが、基本的には「偉大なるタービウーン」の優秀な弟子たちと考えられている。最後のアトバーウ・アッタービイーンは明確には決まっていないが、そのおおよその限界は、イブン・ハンバルの没年である八五五年であるとされる。

このサラフの時代に帰れという復古思想を、サラフィーヤ(サラフ主義)という。現在サラフィー主義やサラフィストと呼ばれている思想とはまったく異なるものだが、これについては後述する。アブドゥフの「啓示と理性の調和」は、このサラフィーヤと表裏一体の関係にあるものだが、サラフィーヤ自体はアフガーニーを含む多くのイスラーム改革思想家も唱えていた。しかし、アブドゥフのサラフィーヤには、他の思想家にはみられない大きな特徴が二つある。

第一の特徴は、ムスリムが模範とすべきサラフとされた人物のほとんどが学者・思想家であり、さらに回帰すべき対象はサラフの信仰の純粋性といったものよりも、むしろその時代の思想や学問が自由であった状況に求められていることにある。この特徴は、アブドゥフが理性の活用を訴えていたことと符合する。

さらに重要な第二の特徴は、サラフの範囲が広いということである。サラフの限界は、一般に九世紀半ばであることはすでに記した。しかし、アブドゥフは正統神学派アシュアリー派▲の名祖アブー・ハサン・アシュアリーとその弟子たちもサラフに加えており、弟子たちの没年は十一世紀の前半に達する。また、アブドゥフには以下のような記述がある。

　ムスリムにビドア▲が根ざし、後世の暗闇が彼らを覆い、彼らが先人に追従して無難な巣穴に逃げ込んでしまってから、まだ八〇〇年を経過していない。（アブドゥフ『科学と文明に対するイスラームとキリスト教のかかわり』）

▼アシュアリー派　アブー・ハサン・アシュアリー（八七二〜九三五）を名祖とする正統神学派。イマーム・ハラマイン（一〇二八〜八五）やガザーリー（一〇五八〜一一一一）などの高名な学者を輩出し、イスラーム思想の発展に寄与した。

▼ビドア　本来は「革新」を意味するが、イスラーム改革では初期イスラームには存在せず、後世に含まれるようになった外来のものを指す。当然、このビドアがムスリムの堕落・衰退の元凶とされ、その排除が求められる。

これは、回帰すべきサラフのイスラームが八〇〇年前まで存在していたことを意味し、サラフの範囲を十一世紀まで広げていることと一致する。なぜ、アブドゥフはサラフの範囲を二世紀も広げたのだろうか。その理由を探るため、『タウヒード論』に記された彼のイスラーム史観と、『科学と文明に対するイスラームとキリスト教のかかわり』に記された彼のエジプト社会観、ヨーロッパ文明観を簡潔にまとめてみる。

まずイスラームの歴史について、彼はそれを理性を無視する者、理性を乱用する者、その中間に立つ者の三者による攻防の歴史ととらえる。理性の無視と乱用を「極端」と呼び、これらに対して激しい非難を加える一方、その中間に対しては高い評価を与えている。そして、サラフに加えたアシュアリーを、その中間の典型として描いている。アシュアリーの時代、イスラーム思想界は未曽有の危機に直面していた。ヘレニズム哲学の影響を強く受け、論理一辺倒の神学思想を展開したムータジラ派▲と、「なぜと問うことなく(ビラー・カイフ)」信仰せよとしたハンバル派との激しい対立は、当時の国家や社会をゆるがしかねない状況にいたっていた。そこに登場したアシュアリーは、「中間を行く」

▼ムータジラ派　八世紀から十世紀にかけてのイスラーム神学派。アッバース朝によるヘレニズム哲学などの導入に呼応し、合理的な神学の形成に努めて、ハンバル派と対立した。アシュアリー派神学の成立にともない、急速に衰退した。

という有名な方法で両者を総合し、正統派神学と評価される思想を打ち立てた。彼は、ハンバル派の主張をムータジラ派の方法論で説明し、またムータジラ派の思想をハンバル派の表現でとらえなおすことによって、イスラーム神学にバランスよくヘレニズム哲学を取り込んだ。紙数の制約からその詳細は割愛するが、アブドゥフの思想においてアシュアリーは、理性の無視と乱用の対立という危機を、両者の調和によって救った人物として評価されている。

続いて、アブドゥフが生きた当時のエジプト社会について、彼はそれを「硬直性」にとらわれた状態にあるとする。硬直性とは、ムスリムの理性や思考を停止させ、彼らを誤り導くもので、アブドゥフはこの弊害を以下の五つの領域で指摘している。それらはアラビア語（純粋なアラビア語を話せば、誰も理解できない）、学派間・宗派間の対立（他者の意見を聞かない）、シャリーアと法学（難解すぎて誰にもわからない）、信仰（理性を無視した伝統への盲従）、外国学校と公立学校の生徒（宗教教育が不十分であるため、イスラームを科学と敵対するものと誤解）である。その結果、社会は時代の変化に適合できず、あらゆる個人的または社会的行動が阻害されている。

また、ヨーロッパ文明については、彼はそれを宗教（キリスト教）に対する科学の勝利であると認識している。宗教の抑圧に抗して立ち上がった科学が、その闘いにおいて宗教を凌駕したことによってヨーロッパ文明がもたらされたとし、それはキリスト教による科学への寛容の成果であるといったヨーロッパ側の言説を激しく批判している。そして、キリスト教はいつの時代も科学と敵対してきた宗教であるのに対し、イスラームは過去において科学と共存共栄していたことが強調される。

アシュアリーとの相関

アブドゥフの理性を強調する立場は、すでにアズハル学生時代から、彼はムータジラ派であるとの批判を生じさせていた。これを背景に従来のアブドゥフ研究では、彼がサラフにアシュアリーを加えた理由に対して、その大胆な思想をかくし改革への反対を抑えるための、いわば「隠れ蓑」であったという消極的な評価が示されている。しかし、彼の改革運動と上記の思想を重ね合わせるならば、それとは違った理由を見出すことができる。

本章冒頭で記したように、アブドゥフは政府の支援をえてイスラーム宗教機構の改革に取り組みながら、それと同時にイギリスとエジプト政府の宗教機構に対する影響力行使の阻止に努めていた。そこでは当然、イギリスおよびエジプト政府とイスラーム宗教機構との深い溝のなかに身をおかざるをえない。アブドゥフがクローマー以外のイギリス人当局者に強い不信感をいだいていたことや、アズハルの保守派ウラマーから激しい攻撃を受けていたことは、よく知られている。アブドゥフが死去した一九〇五年、クローマーはイギリス政府への報告書に、次のような記述を残している。

ムハンマド・アブドゥフに指導されたグループは、文明に反発しこれを拒絶しながら、長い伝統に固執する保守派と、イスラームから離反したヨーロッパ追従派との中間に位置した。そして、このグループは文明の進歩とイスラームの擁護を総合することによって、エジプトが復興することを望んでいた。

（『クローマー・レポート』）

これは、本書の冒頭に記したアブドゥフ自身の言葉と、ほぼ同じ内容を示している。アブドゥフがイギリスおよびエジプト政府とイスラーム宗教機構との狭間でイスラーム改革運動を展開したこと。クローマーが彼の立場を「中間」と評価したこと。アブドゥフ自身がエジプト社会におけるいわゆる保守派と近代派の双方を批判していること。これらを考慮するならば、彼がサラフにアシュアリーを加えた理由は明らかである。

アブドゥフが改革の模範とするべきサラフは、一般的な九世紀半ばまでの範囲には存在しなかった。彼が直面した時代状況・社会状況や改革運動における彼の立場とパラレルな関係を設定できるのは、イスラーム史のなかで十世紀のアシュアリーと十一世紀の初期アシュアリー派をおいてほかにない。理性を無視する者と理性を乱用する者との闘いは、「アシュアリーの出現をみて、初めて事態は収拾に向かった」(『タウヒード論』)のである。アブドゥフのサラフィーヤには、十九世紀のエジプトにおいて「第二のアシュアリー」たらんことを欲する彼の信念が示されているといっても、過言ではないだろう。

アブドゥフの「啓示と理性の調和」という改革思想は、ムスリムに対する啓蒙および近代西欧に対する護教であるとともに、彼が実際におこなった改革運動の理念でもあった。エジプトのイスラーム宗教機構の制度改革を推進する行政官としてのアブドゥフと、ムスリムに「啓示と理性の調和」を説くイスラーム改革思想家としてのアブドゥフとの両立を可能とさせたものは、アシュアリーをひときわ高く評価する彼固有のサラフィーヤ思想であったのである。

アブドゥフ・グループの分裂

アブドゥフのみならず、当時の社会が二つに分裂していたという指摘や評価は、近代エジプト研究全体に共通している。そこではマドラサと公立学校、シャリーア法廷と国民法廷といった古きものと新しきものが並び立ち、伝統墨守と近代化が文化的にも、政治的にも亀裂を引き起こしていた。アブドゥフ・グループは、この両者の総合とそれによる亀裂の解消をめざしていた。しかし、皮肉なことにアブドゥフの死後、このグループ自体が二つに分裂してしまう。

ラシード・リダーが編集・発行する雑誌『マナール』は、アブドゥフの改革思想の主たる発信源であった。リダーは師アブドゥフの後継者を自任し、『マナール』でイスラーム改革や民族主義の論陣を張り続けた。しかし、カリフ制復活やイスラーム国家を強調したその活動は、いわば「啓示と理性の調和」に

●—**アリー・アブドッラージク**（一八八六～一九六六）　アブドッラージク兄弟は、大地主の家系に生まれた。弟のアリーはアズハル卒業後に英オクスフォード大学に留学。本文に記した筆禍事件により、アズハルからウラマーの資格剝奪および公職追放処分を受けた。その後は議会議員などを務め、一九四七年の名誉回復後はワクフ相に就任した。

●—**アフマド・ルトフィー・サイイド**（一八七二～一九六三）　法律学校を卒業して弁護士を開業したが、その後に雑誌編集長などで多彩な文筆活動を続けた。一九一九年革命に参加し、独立後は政治や教育の分野でリベラル派を代表する知識人となった。

●—**ムスタファー・アブドッラージク**（一八八五～一九四七）　兄のムスタファーはアズハル卒業後、フランスでイスラーム哲学を講義し、ソルボンヌ大学で学位を取得。帰国後、改革派のウラマーとして活躍した。

●—**ターハー・フサイン**（一八八九～一九七三）　小説家、教育家。目が不自由ながらアズハル中退後、カイロ大学と仏ソルボンヌ大学で博士の学位を取得した。代表作は自伝的小説の『アイヤーム(日々)』。本文の筆禍事件後はワフド党に参加し、のちカイロ大学やアレキサンドリア大学の学長、教育相を歴任して国民教育の整備に尽力した。

▼**ハサン・バンナー**（一九〇六〜四九）　エジプトにおける異教徒支配打破とシャリーア施行を求め、ムスリム同胞団を設立した。同胞団は一九四〇年代にエジプトで最大規模の団体に急成長したが、団員による首相暗殺の報復として、エジプト警察に暗殺された（横田貴之『原理主義の潮流――ムスリム同胞団』山川出版社参照）。

▼**ムスリム同胞団**　エジプト最大の政治・宗教団体。一九五二年のエジプト革命に協力したが、その後は歴代政権に弾圧された。エジプト以外のイスラーム諸国でも設立され、イスラーム主義の代表的な組織・運動とされる。

おいてアブドゥフよりも「啓示」に傾いた特徴をもっていた。アブドゥフの死の翌年に生まれたハサン・バンナーは、『マナール』に強く影響された人物であり、彼が一九二八年に創始したムスリム同胞団は、アブドゥフのイスラーム改革思想を大衆運動化したものと評価される。

これに対し、ザグルール、ヒルバーウィー、ルトフィー・サイイド、ムスタファーとアリーのアブドッラージク兄弟は民族主義や政党政治の場で活躍し、アブドゥフよりも「理性」に傾いた運動を展開した。ザグルールは一九一九年革命の立役者であり、革命によりエジプトは一九二二年にイギリスから形式的独立を与えられた（エジプト王国の成立）。彼はワフド党党首として、首相に就任している。ヒルバーウィーは、実質的にエジプト初の憲法となる一九二三年憲法の起草委員を務め、その後は立憲自由党に参加した。ルトフィー・サイイドは、立憲自由党に近いジャーナリスト・政治家として活躍し、カイロ大学学長や閣僚を歴任した。ムスタファーとアリーも立憲自由党に参加し、ムスタファーはのちにワクフ相やアズハル総長を歴任する。アリーは、その著作『イスラームの統治原理』（一九二五年）において、カリフ制はクルアーンとは無関係と論じ、激しい反発を受けた。また、エジプトでもっとも高名な小説家となったターハー・フサインも、著作『ジャーヒリア時代の詩について』(一九二六年)で科学的な見地からクルアーンの内容に疑義を示し、裁判沙汰にまで発展してカイロ大学を解雇された。

「啓示と理性の調和」は、アブドゥフにおいてはバランスよく保たれていたのだろう。しかし、そのバランスを他者に言葉で伝えるのは、至難の業であったに違いない。結局のところ、アブドゥフ・グループは各人の問題意識や立場に応じて、「啓示と理性の調和」を自分なりに理解し体現するしかなかった。リダーからムスリム同胞団につながる流れは、エジプトにイスラーム主義の発展をもたらし、ザグルールらの活動は、世俗的・西欧的な民族主義や立憲政治をもたらした。

アブドゥフとそのグループは、当時のエジプトにおける社会の二極分化に対し、両者の「中間」に位置してその解消に努めた。彼らの貢献によって、昔から続いてきた伝統に盲従する者も、西洋をそのまま無批判に受け入れる者も今はいない。しかし、アブドゥフ・グループの分裂は、新たな二極分化をエジプ

▼ワフド党　エジプト王国成立にさいして、ザグルールを党首として結成された政党。王国期をつうじて大きな支持を集め、初代首相にザグルールが就任した。民族主義を掲げ、国王やイギリスと対立した。

▼立憲自由党　エジプト王国成立にさいし、ザグルール以外のアブドゥフ・グループやワフド運動のメンバー、憲法起草委員会委員などによって結成された政党。保守的な大地主を支持基盤としながら、憲政擁護の立場をとった。

ムハンマド・アブドゥフ通り　アズハル・モスク南面に位置し、宗教諸学の書店が並んでいる。

トにもたらし、その対立の構図は現在なお続いている。

アブドゥフと現在

現代におけるアブドゥフの意義とは、何であるのだろう。エジプトのみならず、アラブ諸国の現状は、史上もっとも深刻な二極分化に陥っているようにみえる。ムスリム同胞団のような西洋との融合や調和をめざす立場・運動に飽き足らない人々、幻滅した人々は、サラフィー主義やサラフィストと呼ばれる勢力を形成した。これは西洋的なもののいっさいを拒絶し、彼らが信じるかぎりのイスラームにのみ立脚するもので、アルカーイダやイスラーム国のような過激派もこれにはいる。初期イスラームに回帰することによって思想や学問の自由な状況を取りもどそうとした、アブドゥフのサラフィーヤとは似ても似つかないものである。

片や、政権を長く担ってきた世俗主義の立場や勢力は、イスラーム主義そのものを危険視している。双方が歩み寄る可能性は、少なくとも現在は微塵もない。本来であれば、ムスリム同胞団がこの分裂を解消する役割をはたすべきなのであろうが、二〇一三年のエジプト・ムルシー政権▲の自滅以降、ムスリム同胞団にそのような期待はできなくなった。

　アブドゥフは、保守派からはムータジラ派、ヨーロッパかぶれと非難され、外国支配の打破をめざす民族主義者からは「親英派」とののしられた。それでもなお、エジプト社会の分裂を解消することに、多大な貢献をなした。今、アズハル大学の講堂には彼の名が冠されている。アブドゥフのような「中間」をめざす勢力が、現代のアラブ諸国やイスラーム世界には必要なのではないだろうか。

▼ムルシー政権　二〇一一年一月二十五日革命後の大統領選挙で、自由公正党（ムスリム同胞団）党首のムハンマド・ムルシーが当選した。しかし、この政権は失政を続けたため大規模な反政府デモが生じ、ムルシーは二〇一三年七月に軍により拘束・解任された。

『ムハンマド・アブドゥフ没後一〇〇年記念論文集』

ムハンマドアブドゥフとその時代

西暦	齢	おもな事項
1849	0	ナイル・デルタの農村に生まれる
1862	13	タンターのマドラサに入学
1863/4	14	マドラサを脱走
1965	16	ふたたびマドラサを脱走。結婚。スーフィズムに傾倒
1866	17	カイロのアズハル学院に入学
1871	22	アフガーニーに師事
1876	27	エジプト財政の破綻
1877	28	アズハル学院卒業，アズハル学院教員となる
1878	29	ダール・アルウルームとヘディーウ外国学校の教官となる。「ヨーロッパ内閣」の成立
1879	30	公職追放
1880	31	官報編集長に就任
1881	32	オラービー革命
1882	33	イギリスの単独占領開始。国外追放。翌年からベイルートに滞在
1883	34	国民法廷設立
1884	35	パリでアフガーニーと「固き絆」を結社
1885	36	ベイルートにもどり，スルターニーヤ学院の教員となる
1888/9	39/40	帰国，国民法廷地方裁判所判事に就任。イギリス総領事クローマー卿と親交を結ぶ
1890/1	41/2	国民法廷カイロ控訴院大法官に就任
1892	43	新ヘディーウ，アッバース・ヒルミー2世と親交を結ぶ。イスラーム慈善協会設立
1894	45	ワーディー・ハルファ事件
1895	46	アズハル運営委員会委員に就任
1897	48	ラシード・リダーがアブドゥフに師事
1899	50	最高ムフティー・立法議会議員・ワクフ高等委員会委員に就任
1903	54	トランスヴァール・ファトワーを発出
1904	55	ヘディーウと不仲になる
1905	56	死去

参考文献

『ムハンマド・アブドゥフ全集』: ʻImāra, M., (ed.), *Al-Aʻmāl al-Kāmila lil-Imām Muḥammad ʻAbduh,* 6 vols, Beirut, 1980.

『ムハンマド・アブドゥフ先生の生涯』: Riḍā, M.R., *Ta'rīkh al-Ustādh Imām Muḥammad ʻAbduh,* 3 vols, Cairo, 1931.

飯塚正人「オラービー運動期のムハンマド・アブドゥフ—シャリーア施行を巡る戦い」『オリエント』33(2), 1990年

飯塚正人『現代イスラーム思想の源流』(世界史リブレット69)山川出版社, 2008年

板垣雄三「イスラム改革思想——アラブの場合を中心として」『岩波講座世界歴史 第21—近代8』岩波書店, 1971年

岡崎弘樹「ムハンマド・アブドゥにおける「公正な専制者」の概念:「現状認識」と「先行する諸観念」という視角から」『日本中東学会年報』29-1, 2013年

加賀谷寛「アル・アフガーニーとムハンマド・アブドゥフ」前嶋信次・杉勇・護雅夫編『オリエント史講座6 ——アラブとイスラエル』学生社, 1986年

勝畑冬実「ムハンマド・アブドゥとジョン・ウィリアム・ドレイパー」『日本中東学会年報』25-1, 2009年

加藤博『イスラーム世界の危機と改革』(世界史リブレット37)山川出版社, 1997年

加藤博『「イスラム vs. 西欧」の近代』講談社, 2006年

古林清一「ムハンマド・アブドゥフとその時代」『オリエント』23(2), 1980年

中岡三益「帝国主義とアラブ社会の変容——クローマーの統治とエジプト」『岩波講座世界歴史 第22 ——近代9帝国主義時代(1)』岩波書店, 1969年

松本弘「ムハンマド・アブドゥフのイスラム改革——その思想と法的・制度的改革運動」『日本中東学会年報』3-2, 1988年

ムハンマド・アブドゥフ(松本弘訳・解説)「科学と文明に対するイスラームとキリスト教のかかわり」『上智アジア学』9, 1991年

横田貴之『原理主義の潮流——ムスリム同胞団』(イスラームを知る10)山川出版社, 2009年

Abu-Rabi, I.M., Contemporary *Arab Thought: Studies in Post-1967 Arab Intellectual History,* London, 2004.

Adams, C.C., *Islam and Modernism in Egypt: A Study of the Modern Reform Movement Inaugurated by Muhammad ʻAbduh,* London, 1933.

Ahmad, J.M., *The Intellectual Origin of Egyptian Nationalism,* London, 1960.

Al-Sayyid, A.L., Egypt and Cromer, London, 1968.

Amin, O., *Muhammad ʻAbduh,* Washington D.C., 1953.

Amin, O., "The Modernist Movement in Egypt", R.N. Frye (ed.), *Islam and West, Hague,* 1957.

Anderson, J.N.D., "Law Reform in Egypt: 1850-1950", P.M. Holt (ed.), *Political and Social Change in Modern Egypt: Historical Studies from the Ottoman Conquest to the United Arab Republic,* London, 1968.

Binder, L., *The Ideological Revolution in the Middle East,* New York, 1964.

Blunt, W.S., *Secret History of the English Occupation of Egypt, being a personal narrative of events,* London, 1907.

Caspar, R., "Un Aspect de la Pensée Musulmane Moderne: Le Renouneau du

Mo'tazilisme", *Miscellanies of the Dominican Institute for Oriental Studies in Cairo* (MIDEO), 4, 1957.
Cromer, Lord, *Modern Egypt,* London, 1911.
Gibb, H.A.R., *Modern Trends in Islam,* Chicago, 1947.
Goldschmidt Jr., A., *Biographical Dictionary of Modern Egypt,* London, 2000.
Goldschmidt Jr., A., *Historical Dictionary of Egypt,* London, 2013.
Heyworth-Dunne, J., *An Introduction to the History of Education in Modern Egypt,* London, 1968.
Hourani, A., *Arabic Thought in the Liberal Age 1781-1939,* Oxford, 1983.
Kedourie, E., *Afghani and 'Abduh: An Essay on Religious Unbelief and Political Activism in Modern Islam,* London, 1966.
Kerr, M.H., *Islamic Reform: The Political and Legal Theories of Muhammad 'Abduh and Rashid Rida,* Berkeley, 1966.
Laoust, H., "Le reformisme orthodox des "Salafiya" et les Caractéres généraux de son orientation actuelle", *Revue de études islamiques* (REI), 6, 1932.
Merad, A., "Iṣlāḥ: i-The Arab World", *Encyclopedia of Islam (New ed.)*, Leyden, 1960-, Vol.3.
Michel, B. et le cheikh Moustapha Abdel Razik, *Rissalat al-Tawhid: exposé de la religion musulmane,* Paris, 1925.
Owen, R., *Lord Cromer: Victoria Imperialist, Edwardian Proconsul,* Oxford, 2004.
Safran, N., *Egypt in Search for Political Community: An Analysis of the Intellectual and political Evolution of Egypt 1804-1952,* London, 1961.
Sedgwick, M., *Muhammad Abduh,* Oxford, 2010.
Vatikiotis, P.J., *The History of Egypt: from Muhammad Ali to Mubarak,* London, 1991.
Vatikiotis, P.J., "Muhammad 'Abduh and the Quest for a Muslim Humanism", *Islamic Quarterly,* 4(4), 1957.
Ziadeh, F.J., *Lawyers: the Rule of Law & Liberalism in Modern Egypt,* Stanford, 1968.

図版出典一覧

Abbas Hilmi II (trans. By A. Sonbol), *The Last Khedive of Egypt: Memoirs of Abbas Hilmi II,* Cairo, 1998. 45中

Ayyām Misriyyah, No.45. 2012. 38左

Blunt, W.S., *Secret History of the English Occupation of Egypt: being a personal narrative of events,* New York, 1922. 扉

Haag, M., *Vintage Alexandria: Photographs of the City 1860–1960,* Cairo, 2008. 7上, 7中

Ḥamīd ʻEnāyat, *Seyrī dar andīshe-ye siyāsī-ye ʻArab: az ḥamle-ye Napoleūn be Meṣr tā jang-e jahānī-ye dovvom,* Mo'assese-ye Enteshārāt-e Amīr-e Kabīr, Tehrān, 1376 (Kh. S：ヒジュラ太陽暦) [5th ed.] 53, 83右上

Hanssen, J., *Fin de Siécle Beirut: the Making of an Ottoman Provincial Capital,* Oxford, 2005. 33下

Jābir al-Ḥājj, *Nūr ʻalā al-kawn aḍā'a,* Dār al-Anṣār, al-Qāhira, 1979 84

Qaṭāmishu, Y., *Miṣr: Ṣūrah lahā Ta'rīkh (1805–2005)*, Cairo, 2010. 10, 12, 13, 14, 17上, 17中, 17下, 20, 38右, 39, 54, 65上, 65中, 65下, 66, 69, 83右下, 83左上, 83左下

Zākirah Miṣr al-Muʻāṣirah, No.2, 2010. 11

Zākirah Miṣr al-Muʻāṣirah, No.4, 2010. 45上, 45下, 47

Zākirah Miṣr al-Muʻāṣirah, No.7, 2010. 27上

Zākirah Miṣr al-Muʻāṣirah, No.11, 2010. 50右

Zākirah Miṣr al-Muʻāṣirah, No.20, 2010. 7下右

PPS通信社 3

ユニフォトプレス カバー表

著者提供 7下左, 27中上, 27中下, 27下, 33上, 33中左, 33中右, 44, 50左, 63, 86, 87, カバー裏

松本弘(まつもとひろし)
1960年生まれ
英マンチェスター大学文学部中東学科博士課程修了(Ph.D. 取得)。
専攻，エジプト近代史，イエメン地域研究，中東の民主化
現在，大東文化大学国際関係学部教授

主要著書

『アラブ諸国の民主化―― 2011年政変の課題』(イスラームを知る23，山川出版社，2015)
『現代アラブを知るための56章』(編著，明石書店，2013)
酒井啓子編『中東政治学』(共著，有斐閣，2012)
長谷川雄一・金子芳樹編著『現代の国際政治　第3版――ポスト冷戦と9.11後の世界への視座』(共著，ミネルヴァ書房，2014)
酒井啓子編『途上国における軍・政治権力・市民社会――21世紀の「新しい」政軍関係』(共著，晃洋書房，2016)

世界史リブレット人㉘84

ムハンマド･アブドゥフ

イスラームの改革者

2016年6月10日　1版1刷印刷
2016年6月20日　1版1刷発行

著者：松本弘《まつもとひろし》

発行者：野澤伸平

装幀者：菊地信義

発行所：株式会社 山川出版社

〒101-0047　東京都千代田区内神田1-13-13
電話　03-3293-8131(営業)　8134(編集)
http://www.yamakawa.co.jp/
振替　00120-9-43993

印刷所：株式会社 プロスト

製本所：株式会社 ブロケード

 ISBN978-4-634-35084-7